여행작가들은 **여행** 가서 **뭘 먹을까?**

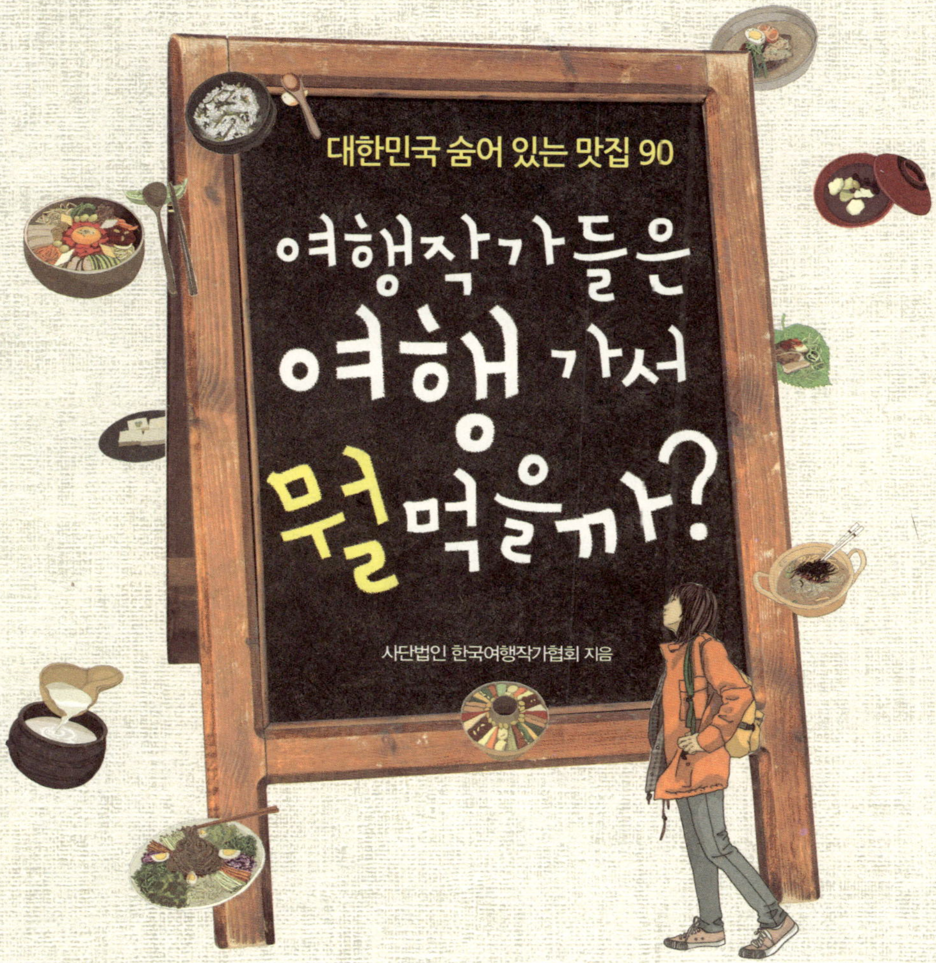

대한민국 숨어 있는 맛집 90

여행작가들은 여행 가서 뭘 먹을까?

사단법인 한국여행작가협회 지음

| 프롤로그 |

여행작가들은 잘 먹고 돌아다닌다

여행에서 음식이 차지하는 비중이 얼마나 될까? 단언컨대 절대적이다. 달리는 자동차로 치면 길에서 만나는 주유소 기름과 다름없다. 음식은 여행을 지속시키고, 여행은 음식을 찾아간다. 금강산도 식후경이라는 말에서 알 수 있듯, 아름다운 것도 배부른 뒤라야 눈에 들어온다.

일반인을 대상으로 여행 갈 때 가장 먼저 챙기는 정보를 물었더니 50퍼센트 이상이 음식이었다. 여행작가들도 여행기를 쓰면서 반드시 챙기는 정보가 음식 정보다. 여행지에서 뜻밖에 좋은 음식을 맛보면 떠나오길 잘 했다는 생각이 들고, 큰 값을 치르고 주문한 음식이 기대에 못 미치면 여행을 망친 정도가 아니라, 봉변을 당한 느낌이 든다.

나라 안을 집 마당처럼 돌아다니는 여행작가들은 서로 마주 앉아 천장은 낮지만 따뜻하고 맛있는 집이 어디고, 며느리가 이어받았는데 맛이 여전하다는 얘기며, 잘 되던 음식점이 인테리어를 바꾸더니 음식 맛도 변했다는 얘기를 나눈다. 여행작가들끼리도 수시로 음식 정보를 나누는 것은 음식점들이 늘 똑같지 않기 때문이며 우리도 더 맛있는 것을 먹기 위함이다. 그런 여행작가들만의 정보를 이 책에 털어놓았다.

이 책은 여행작가들이 매료된 요리 하나를 꼽고, 그 음식을 대표할 만한 음식점을 3개씩 선정하여 거기에 주관적인 평가와 객관적인 정보를 곁들이는 방식으로 진행하였다. 사실 한국의 가장 비싼 재료와 비싼 음식과 몸값 비싼 요리사는 서울에 몰려 있다.

하지만 여행지의 음식은 레시피만으로 표현할 수 없는, 솜씨로 채워 넣을 수 없는, 또 다른 맛이 존재한다. 요리사의 마음가짐, 음식점이 터 잡고 있는 공간, 계절과 분위기, 마주 앉은 사람에 따라 그 맛이 사뭇 달라진다.

우리는 음식 자체에만 주목하지 않고 여행지를 더욱 빛내주는 음식을 찾아 그 다양한 맛을 담아내려고 노력하였다. 물론 작가들이 소중히 간직하고 있는 추억까지도 맛의 평점에 넣어두었다.

사단법인 한국여행작가협회 소속 27명의 작가가 다룬 주제에는 나물밥, 국밥, 국, 탕, 국수, 냉면, 짬뽕, 닭요리, 불고기, 순대, 회, 죽, 게장, 두부, 막걸리, 한정식 등 한국을 대표하는 요리들이 모두 포함되어 있다. 관광음식에 관심 있는 분들도 참고할 만하고, 맛을 다채롭게 표현하고 싶은 이들도 참고할 만한 책이다. 이 책에 나온 음식만을 맛보려고 여행을 떠나도 좋을 것이다.

음식을 이해한다는 것은 그 음식을 만드는 사람을 이해하고, 그 음식의 재료를 만들어내는 고장을 이해하며, 궁극적으로는 그 음식으로 제 몸의 일부를 구성하는 사람들을 이해한다는 뜻이다. 여행작가들의 몸을 구성했던 음식들을 통해 새로운 여행지를 발견하고, 새로운 여행을 기획하길 바란다.

무교동 골목이 가까운 협회 사무실에서
사단법인 한국여행작가협회 회장 허시명

|차례|

프롤로그_ 여행작가들은 잘 먹고 돌아다닌다 006

Part 01 한국인의 기를 살려주는 밥

001 어린 날의 성장통이 서려 있는 그 밥상이 그리워라 나물밥 | 이시목 016
　　직접 말린 무청시래기로 지어낸 시래기밥, 대선정_ 인천시 강화 020
　　무말랭이를 넣어 볶은 건강한 밥 한 그릇, 한슬더맛집_ 서울시 역삼동 022
　　자연이 깨끗하게 길러 더 귀한 곤드레나물밥, 대운식당_ 강원도 정선 023

002 한국의 맛이 한데 담겨 있는 색도 고운 한 그릇을 보았는가 비빔밥 | 허시명 026
　　화려하고 다채로운 전주비빔밥을 찾아 고궁으로_ 전라북도 전주 029
　　일곱 가지 보석으로 꾸민 꽃밥 진주비빔밥, 천황식당_ 경상남도 진주 031
　　우시장과 함께 번성한 함평 육회비빔밥_ 전라남도 함평 034

003 이보소, 뜨끈한 국밥 한 그릇 묵고 가소 돼지국밥 | 김혜영 036
　　40년간 변함없이 대학생들의 입맛을 사로잡은 진주비봉식당_ 부산시 장전동 039
　　밀양 돼지국밥의 원조, 동부식육식당_ 경상남도 밀양 041
　　서울에서 부산 돼지국밥의 맛을 고수하고 있는 돈수백_ 서울시 동교동 042

Part 02 따뜻함으로 상념마저 잊게 해주는 국

004 몸과 마음을 포근히 감싸주는 비교 불능의 맛 곰탕 | 유현영 048
나주 곰탕거리에는 하얀집, 노안집이 있다_ 전라남도 나주 051
서울식 곰탕의 대표이자 일부러 찾아도 후회 없을 그곳, 하동관_ 서울시 명동 053
환자식으로도 손색이 없는 고개너머곰탕_ 경기도 안성 054

005 세상의 모든 국에 대한 특별한 예찬 제주도 국 | 유정열 058
생선으로 국을 끓인다고? 돌하르방식당의 각재기국_ 제주도 일도동 062
듬삭한 맛이 즐겁다, 화성식당의 접짝뼈국_ 제주도 삼양동 063
제주식 해장국, 우진해장국의 몸국과 고사리해장국_ 제주도 삼도동 055

006 국민 보양식의 세 가지 다른 맛 추어탕 | 임운석 068
거물급 인사들이 인정한 서울식 추탕의 자존심, 용금옥_ 서울시 다동 071
구수한 맛이 일품인 남원추어탕의 본가, 새집추어탕_ 전라북도 남원 073
개운한 맛은 경상도식 추어탕이 최고, 고향식당_ 경상남도 창녕 075

Part 03 함께 먹어야 제맛이다! 국수

007 한국의 누들로드, 이색 국수집을 찾아서 국수 | 이종원 080
누가 꼴도 보기 싫다고 했던가? 신일식당 꼴두국수_ 강원도 영월 083
입맛 없을 때 찾아가는 여름철 보양식, 포항회국수_ 경상북도 포항 085
제주도에서 맛보는 고기국수의 정석, 청정지역국수집과 춘자국수_ 제주도 서귀포 087

008 시원한 육수 한 모금에 투박한 질감을 씹는다 막국수 | 윤규식 090
밥처럼 먹을 수 있는 맛을 추구하는 샘밭막국수_ 강원도 춘천 093
순도 100퍼센트 메밀 맛을 느낄 수 있는 고향막국수_ 강원도 평창 095

화려한 고명을 자랑하는 홍원막국수_ 경기도 여주 **099**

009 비가 내려 외로운 날엔 짬뽕을 먹자! 짬뽕 | 강석균 **102**
　　해물탕인가 해물짬뽕인가, 뽕의전설_ 서울시 대림동 **105**
　　갈비와 해물의 최고의 만남, 돈방석짬뽕_ 인천시 구월동 **108**
　　오리지널 해물짬뽕이란 바로 이런 것, 하오차이_ 경기도 수원 **109**

010 세월은 무심해도 맛은 그대로구나 냉면 | 박동식 **112**
　　실향민들의 안식처, 평남면옥_ 강원도 철원 **115**
　　62년 전통의 평래옥과 남한 냉면의 자존심 황덕이 진주냉면_ 서울시 저동, 경상남도 진주 **117**

Part 04 지친 기력을 보충해주는 고기

011 삼색 닭골목 기행 동족상잔의 비극, 닭닭닭! 닭요리 | 이동미 **124**
　　계륵은 먹을 것이 없다? 춘천 닭갈비 골목_ 강원도 춘천 **127**
　　허름하고 좁지만 푸짐하다, 안동찜닭 골목_ 경상북도 안동 **128**
　　똥집의 변신은 무죄! 대구 닭똥집 골목_ 대구시 신암동 **131**

012 손끝에서 나오는 달달한 세계의 맛 불고기 | 홍순율 **134**
　　60여 년을 지켜온 서울식 불고기, 옥돌집_ 서울시 길음동 **137**
　　양념을 최소화하여 담백한 맛을 살린 광양불고기의 명가, 대한식당_ 전라남도 광양 **138**
　　풍성한 떡갈비 같은 달고 고소한 감칠맛, 언양기와집불고기_ 울산시 울주 **140**

013 잊을 만하면 한 번씩 떠오르는 감칠맛 삼겹살 | 이주영 **144**
　　건강과 입맛을 동시에, 내촌참숯가마_ 경기도 포천 **147**
　　무안의 별미 짚불삼합, 두암식당_ 전라남도 무안 **148**
　　두께에 놀라고 육즙에 놀라는 돈사돈_ 서울시 합정동 **150**

014 가장 서민적인 맛으로 지금까지 사랑받는 메뉴 **순대 | 유철상 154**

토속적인 맛을 느낄 수 있는 병천순대_ 충청남도 천안 **157**
막창을 이용해 쫄깃함이 살아 있는 용궁순대_ 경상북도 예천 **159**
선지의 맛을 살린 투박한 맛, 담양순대_ 전라남도 담양 **161**

Part 05 밥상과 잘 어울리는 친근한 생선

015 밥도둑, 게장이 있어 우리 삶은 더욱 맛있다 **게장 | 구동관 166**

꽃게 천지 안흥항이 지척이다, 토담집_ 충청남도 태안 **169**
꽃게장이 메인이 되었다, 삼기식당_ 충청남도 서산 **170**
게장집들이 줄지어 있다, 여수 돌게장거리 두꺼비식당과 황소식당_ 전라남도 여수 **171**

016 참으로 시원하구나! 세 번만 먹어봐 **곰치국 | 이신화 174**

'수치'와 김치를 넣은 삼척 곰치국, 바다횟집_ 강원도 삼척 **177**
'암치'와 무를 넣어 끓인다, 파도식당_ 강원도 강릉 **179**
오로지 물곰탕만 파는 사돈집_ 강원도 속초 **183**

017 은은한 숯향과 짭조름한 맛이 살아 있도다 **낙지 | 이민학 186**

잠자던 미각이 눈을 뜨다, 낙지호롱 **189**
산낙지, 세발낙지보다는 통통낙지인가보다 **191**
재료 본연의 맛이 참맛이구나! **193**

018 한 그릇 가득 바다가 출렁이는구나! **물회 | 채지형 196**

바다가 넘실거리는 물회 그리고 청보횟집_ 강원도 고성 **199**
25년 전통의 싱싱한 물회, 새포항물회식당_ 경상북도 포항 **200**
된장양념을 하는 자리돔물회, 물항식당_ 제주도 노형동 **202**
해산물이 가득하구나, 봉포머구리식당_ 강원도 속초 **203**

019 까칠한 입맛 잡아주는 삼총사 납시오 민물고기 | 정철훈 206
   못생겨도 맛과 영양은 최고, 외정황토못메기_ 경상북도 의성 209
   완주 8미의 대표주자 참붕어찜을 맛보다, 산수장가든_ 전라북도 완주 211
   15년 고집이 빚어낸 단양쏘가리의 맛, 비원쏘가리_ 충청북도 단양 213

020 미식가들의 종착지가 바로 이곳이구나 복어 | 이겸 216
   복어회와 곤의 긴장감 있는 이중주, 은정횟집_ 경상북도 경주 219
   고소한 시작 시원한 끝 맛, 햇살복집의 졸복튀김과 탕_ 경상남도 남해 224

021 죽 한 그릇으로 마음마저 따뜻해지는구나 어죽 | 진우석 228
   인삼어죽의 본고장을 뛰어넘다, 선희식당_ 충청북도 영동 231
   근육 좋은 금강 물고기로 차린 만찬, 큰손식당_ 전라북도 무주 234
   붕어와 장어를 함께 넣은 보양식, 예당가든_ 충청남도 예산 236
   어죽의 변신은 즐거워, 구읍식당의 생선국수와 지리산어탕국수의 어탕국수
   _ 충청북도 옥천, 서울시 합정동 237

022 진미는 갑옷 속에 있다네, 까먹는 재미가 일품! 조개 | 김수남 240
   바지락고추장찌개를 개발하여 향토음식으로 정착시킨 하늘가든_ 인천시 옹진 243
   동해 '째복'을 아시나요? 섭죽마을_ 강원도 속초 246
   꼬막의 화려한 변신, 벌교원조꼬막식당_ 전라남도 보성 248

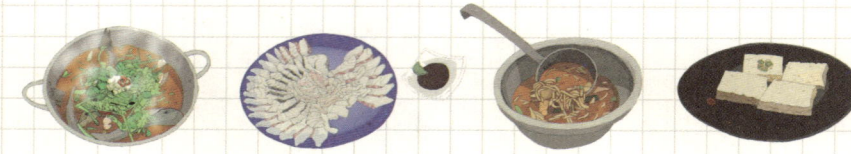

Part 06 옛것을 지키는 아름다움 전통요리

023 산산이 부서진 콩, 영양만점 두부로 태어나다 **두부 | 문일식 254**
　들기름 향기 진한 옛 두부 맛 그대로 고향집_ 강원도 인제　**257**
　제주도에서 맛보는 특별한 해수두부, 선흘방주할머니식당_ 제주도 조천　**258**
　웰빙 식재료로 무장한 이가네복두부_ 경기도 양평　**263**

024 진한 행복, 한잔으로 만끽할 수 있도다! **막걸리 | 양근모 266**
　술에 대한 신뢰, 금정산성 막걸리_ 부산시 금정　**269**
　분위기에 취하는 그곳, 진밭덜덜이국수_ 경기도 고양　**272**
　골라서 마실 수 있는 곳이어라, 누룩_ 서울시 서교동　**273**

025 건강식의 대명사, 늘 가까이 두고 먹어야 할 음식 **콩 | 윤용성 276**
　할머니처럼 정겨운 손맛, 부부청국장_ 전라북도 익산　**279**
　땡볕 한여름 젖동냥을 하듯 들이켰던 원동칼국수_ 충청북도 옥천　**280**
　콩 하나로 제대로 맛을 내는 피양콩할마니 콩비지_ 서울시 대치동　**282**

026 건강은 기본, 추억은 덤, 사악한 기운까지 막아준다 **팥죽 | 이진곤 286**
　어머니의 손맛을 그대로 맛보다, 산수식당_ 광주시 산수동　**289**
　여름철 몸의 균형을 잡아주는 팥죽, 문호리팥죽_경기도 양평　**291**
　30년 동안 사람들의 입맛을 훔친 서울서둘째로잘하는집_ 서울시 삼청동　**294**

027 고운 빛깔을 담은 균형잡힌 영양식, 우리의 밥상 **한정식 | 권현지 298**
　서민들도 즐겨 먹는 전라도 한정식의 진수, 전라회관_ 전라북도 전주　**301**
　세계화 속에서 경쟁력을 갖춘 한정식의 본보기, 한국의집_ 서울시 필동　**303**
　대대로 내려온 종가의 전통음식, 요석궁_ 경상북도 경주　**307**

　작가 소개　**311**

 나물밥 ★ 이시목

 비빔밥 ★ 허시명

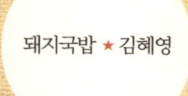 돼지국밥 ★ 김혜영

어린 날의 성장통이 서려 있는
그 밥상이 그리워라

Menu 001

나물밥

곤드레나물밥

무밥

단출한 밥상

시래기밥

어릴 적 내 꿈의 밥상은 '상다리가 부러질 정도로 거하게 차려진' 한정식이었다. 30여 년이 흐른 지금, 내 꿈의 밥상은 '최대한 단출한 밥상'이다. 가짓수만 많은 화려하고 푸짐한 밥상보다는 단출한 밥상의 유혹이 더 달콤하고 반갑다.

별 찬 없이도 밥상머리가 환했던 그날. 그날 그 밥상엔 무른 나물밥 한 그릇과 간장 한 종지가 있었다. 어쩐지 마음이 아파 몸에 기운이 빠지는 날, 그 단출한 밥상 하나면 한시름을 덜겠다.

글★사진 이시목

돌이켜보면, 화려함이라곤 찾아볼 수 없는 밥상이었다. 늘 넘치도록 담은 쌀밥 한 그릇에 적당하게 숙성된 김치 한 접시, 거기에 몇 가지 제철 나물이 전부였다. 그나마도 없는 겨울엔 한 1년쯤 된장에 박아놓았던 콩잎장아찌나 가을 내 말린 무말랭이무침 정도가 상에 올랐다. 열심히 손가락을 접으며 헤아려도 찬이 고작 4~5가지에 불과했던 단출한 밥상이었다. 그나마 우리집엔 참으로 부지런한 어머니가 계셔서 겨우내 찹쌀풀을 곱게 발라 말린 부각튀김이 더해져 다른 동무네 집보다는 밥상이 꽤 풍성한 편이었다.

가끔씩 동무들이 놀러와 저녁이라도 같이 먹는 날엔 그 부각이 바삭하게 튀겨져 상에 올랐다. 부각을 보는 순간, 동무들은 '와!'하는 함성을 지르며 "너거 집에는 이런 것도 있냐?"며 나를 부러운 눈길로 쳐다보곤 했었다. 내내 몇 가지 안 되는 찬이 불만이었던 나도 그 순간만큼은 우리집 밥상이 꽤 자랑스러웠던 것 같다. 그럼에도 불구하고 내가 꿈꾸는 밥상과는 차이가 극명해 나는 늘 그것이 서운했다. 하지만 오해는 마시라. '늘'이라곤 하지만 그 서운함으로 어머니를 졸라댄 건 채 1년이 되지 않으니 말이다.

열한 살 때였다. 동네와 학교를 벗어나본 적이 없었던 내게 그날의 외출은 가히 충격이었다. 처음으로 어머니를 따라 5, 10일에 서는 안의장에 다녀왔던 날이다. 그때의 안의장은 지금의 안의장보다 더 많이 시끄러웠고 더 많은 사람들로 북적댔다. 그러니 오죽이나 했을까. 처음으로 탔던 버스 이상으로 신기한 게 많은 '신세계'였다. 그중에서도 가장 놀라웠던 건 사람들에게 밥을 파는 식당이 있다는 사실이었다. 그것도 상다리가 휠 정도로 차림이 풍성한 한정식이었다. 밥과 국, 찌개를 뺀 찬의 수만 무려 14가지에 달하는 꿈의 밥상이었다.

그날 이후로 생일에 받고 싶은 것이 전과에서 밥상으로 바뀌었다. 태어나 한 번도 생일상이란 것을 받아본 적 없고, 생일선물 또한 받아본 적 없는 나지만 '올해 생일상으론 저런 밥상을 차려달라고 해야지'라는 욕심을 부리게 된 것이다. 어머니는 내가 그 밥상을 입에 거품을 물고 설명할 때마다 "야가, 와 이라노!"라며 나무라셨지만 오랜 기간 꿈꾸던 '00전과(그 당시 유행하던 참고서)'를 포기할 만큼 나는 진수성찬으로 차려진 그 밥상이 좋았다.

하지만 어릴 적 내 생일에 진수성찬의 밥상을 맛볼 가능성은 희박했다. 그럼에도 불구하고 생일이 오기 7~8개월 전부터 꾸준히 '생일예고'를 한 덕에 그 해 생일엔 태어나 처음으로 생일상이란 것을 받았다. 그런데 어머니로부터 받은 생애 최초의 생일상이 고작 '무밥'이었다. 당연히 입에 대지도 않았고, 수심 가득한 얼굴로 등교를 했었다.

문제는 첫 수업시간부터 시작됐다. 밥상의 휑한 한기가 몸으로 들어왔는지 으슬으슬 추워지더니 갑자기 까무룩 쓰러지고 말았다. 눈을 떠보니 어느새 나는 집에 돌아와 있었고 방바닥은 뜨거웠으나 밤이 된 건지 문밖은 서늘했다. "고만 일어나 밥 묵자." 어머니의 음성이 제법 또렷하게 들렸으나 부러 자는 척 꽤 긴 시간 눈을 뜨지 않았던 것 같다.

결국 늦은 밤, 못 이기는 척 일어나 밥상머리에 앉았다. "자, 묵어봐라. 이 밥상이 맞나?" 어머니는 열꽃이 핀 듯 발그레한 얼굴로 구운 생선의 살을 발라주며 말씀하셨다. 꾸역꾸역 참아보려 했지만 결국 눈물을 쏟았고, 나는 그 밥상이 '맞다'는 의미로 몇 번 고개를 주억거렸다. 그런데 어쩐지 꿀보다 더 달달할 것만 같았던 '진수성찬의 생일밥'이 그다지 맛있지 않았다.

전후사정은 다음날 언니들에게 들을 수 있었다. 어머니는 그날, 아픈 나를 학교에서부터 집까지 업고 와 누이고 장을 봐오셨단다. 풍족하지 않은 살림에 생선이며 미역 같은 해산물을 장만하기 위해 생애 처음으로 무장사에 나섰고, 그조차 잘 팔지를 못해 하루 종일 추위에 떠셨단다. 그래서 그렇게 얼굴은 발그레했고, 말씀에 기운이 없으셨던 거다. 어머니의 건강과 맞바꾼 생일상이라니……. 내 얼굴은 또 다시 눈물로 범벅이 되었다.

그날 저녁, 아픈 몸으로 다시 추수에 나선 어머니를 위해 나는 난생 처음으로 요리를 했다. 재료는 감기에 좋다는 무. 일단 무를 두툼하게 채 썰어 밥과 함께 안치고 아궁이에 불을 지폈다. 그때만 해도 가마솥에 밥을 할 때였기 때문에 밥물을 맞추는 것도, 적정한 화력을 유지하는 것도 수월치 않아 어머니 앞에 꺼내놓은 무밥이 죽처럼 질었다. 양념간장 또한 실패였다. 맛있으라고 넣은 참기름이 과했던지 느끼했다.

그래도 어머니는 연신 '맛나다'며 한 그릇을 비우셨고, 그런 어머니를 보며 나 또한 무밥 한 그릇을 깨끗이 비웠다. 무밥이었건 무죽이었건 참으로 흐뭇한 밥상이었다. 별다른 찬 없이도 밥상머리가 환해 기분까지 좋아지던 무밥 상.

그때 이후로 나는 무밥이라면 사족을 못 쓰는 '무밥 마니아'가 되었다. 하지만 안타깝게도 무밥을 파는 식당은 통 보이지 않고, 어머니가 그리울 때나 울적해 기운이 없을 때면 무밥 생각이 간절해져 혼자 조용히 무를 썰곤 했다.

직접 말린 무청시래기로 지어낸 시래기밥, 대선정

대선정은 그런 나에게 한동안 무밥을 대신하는 위안이었다. 2002년으로 기억한다. 강화의 국방유적 취재를 위해 초지진을 찾았을 때, 염하의 갯골을 좀 더 가깝게 찍기 위해 찾았던 곳이 마침 대선정의 뒤란이었다. '횟집'이니 당연히 회를 팔 것이란 생각에 별다른 관심도 두지 않았는데, 공교롭게도 마당 한쪽이 온통 무청시래기로 뒤덮여 있었다.

그것이 나와 대선정과의 첫 만남이었다. 외관은 오래 입어 무릎 언저리가 보기 흉하게 튀어나온

푸짐하게 차려진 시래기밥 상차림

트레이닝복처럼 후줄근했고, 식당 내부 또한 외관을 닮아 옛집의 형태를 크게 벗어나지 못하고 있었지만, 어쩐지 그 풍경이 익숙해서 더 끌렸다.

더욱이 주메뉴가 시래기밥이니 혹할 수밖에. 시래기는 어릴 적 우리집 담장에 철마다 줄지어 내걸리던 것이었고, 겨우내 볶음이며 국으로 밥상에 올랐던 나물이다. 그 시래기로 밥을 한다는 것이 못내 신기해 나는 직접 밥을 지을 기세로 요리 과정을 살폈던 것 같다.

결론은 무밥을 비롯한 다른 구황음식과 동일했다. 물에 불려 연해진 시래기를

▲ 순무김치와 후식으로 나오는 흑설기와 약과 그리고 시래기밥 한 숟가락
▼ 무말랭이가 가득한 꼬들꼬들한 무밥

먹기 좋은 크기로 잘라 쌀과 함께 밥솥에 안치는 게 과정의 전부인데, 알맞은 농도로 지어진 밥은 목 넘김이 수월했다. 집에서 먹던 무밥과 다른 점이라면 상에 오르는 찬의 수가 적지 않다는 것이었다. 강화를 대표하는 순무김치부터 된장찌개, 어묵볶음 등 10여 가지가 넘었다.

그중에서도 순무김치와 흑설기는 인상적이었다. 특히 강화순무에 늙은 호박과 삭힌 밴댕이 등의 생선을 모양 그대로 넣고 버무려 낸 순무김치는 알싸한 맛이 일품이라, 숟가락 가득 푸짐하게 퍼 올린 시래기밥 위에 올려놓고 먹기 좋았다.

'내 입에 딱 맞는 좋은 맛' 때문인지 그날 이후로 나는 강화에 갈 때마다 대선정의 시래기밥을 놓치지 않고 먹었다. 아니, 어느 해부터인가는 아프고 난 다음날 어김없이 시래기밥을 먹기 위해 강화로 향하는 나를 발견할 수 있었다. 그게 벌써 10년이 넘었다.

정갈한 한술더맛집 내부

무말랭이를 넣어 볶은 건강한 밥 한 그릇, 한술더맛집

    한술더맛집은 내가 '유레카'를 외친 몇 안 되는 식당 중 한 곳이다. 말이 쉽지, 집에서 무밥을 해먹기가 그리 쉬운 일은 아니었기에 내내 무밥 파는 식당을 찾는 중이었다. 그러다 3년 전에야 역삼동에 있는 한술더맛집을 발견할 수 있었다.

    이 집의 특징이라면 생무를 채 썰어 밥을 짓는 것이 아니라 무말랭이로 밥을 짓는다는 사실이다. 아니, 좀 더 정확하게는 밥을 짓는 것이 아니라 포도씨유(호박씨유)로 볶아내고 마지막으로 또 다시 포도씨유를 듬뿍 뿌려 낸다고 하는 것이 맞겠다.

    그래서일까, 어릴 적 먹던 무밥과는 색도 다르고 맛도 많이 다르다. 그럼에도 불구하고 이 집을 자주 찾는 이유는 매력적인 밥맛 때문이다. 생무로 지은 무밥과 달리 밥이 꼬들꼬들하게 씹히고 오래 두고 먹어도 변색이 없다. 다만 친절을 기대하기 어려운 흠은 있지만, 채소를 비롯한 고기 등 식재료 전부를 유기농이나 자연산으로 쓴다는 점에서 후한 점수를 줄 수 있어 그나마 그 흠이 상쇄된다.

자연이 깨끗하게 길러 더 귀한 곤드레나물밥, 대운식당

강원도의 곤드레나물밥은 '언젠가'를 꿈꾸게 만든 음식'다. 처음 맛봤던 때가 2000년도니, 어느새 10년도 훌쩍 넘었다. 꽤 오랜 시간임에도 불구하고 아직도 '언젠가'인 것이 민망하나, 고백컨대 머지않았다. 곤드레가 제철인 5월이 오면 곧 어머니와 함께 정선의 대운식당을 찾아 어릴 적 무밥의 추억을 나누고 신나는 레일

강된장과 함께 먹는 곤드레나물밥

바이크도 탈 테다.

처음 곤드레나물밥을 맛본 곳은 정선의 동박골이었다. 이후 영월의 청산회관과 솔잎가든에서 그 맛을 봤고, 가장 최근엔 구절리의 대운식당에서 곤드레나물밥을 먹었다. 정식 학명이 고려엉겅퀴인 곤드레는 바람에 흔들리는 잎사귀가 마치 술 취한 사람과 같다하여 붙여진 이름인데, 먹어본 식당 어디서나 그 맛이 좋았던 것으로 기억한다.

특이한 것은 양념간장으로 비벼 먹는 대개의 나물밥과 달리 대운식당을 비롯한 정선의 몇몇 곤드레나물밥 전문점에서는 간장과 함께 강된장이나 자박장(양파, 멸치, 다시마 등을 갈아 된장에 넣고 끓인 것)이 상에 오른다는 점이다.

양념간장에도 참기름 대신 들기름을 넣는데, 이는 나물의 본래 향을 살리기 위한 것이라고 한다. 내년 5월엔 기필코 어머니와 함께 쌉싸래하면서도 부드러운 곤드레나물밥 고유의 향과 맛을 음미해야겠다.

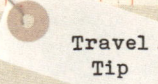

★ 대선정
- 주소 인천광역시 강화군 길상면 초지리 1251-326
- 전화번호 032-937-1907
- 홈페이지 없음
- 주차공간 식당 마당에 주차
- 테이블 규모 50석(야외 포함)
- 곁들이면 좋은 서브메뉴 메밀칼싹둑이
- 휴무일 연중무휴
- 영업시간 09:00~20:00

|주변 볼거리|| 초지진, 광성보, 갑곶돈대, 마니산, 전등사, 옥토끼우주센터

★ 대운식당
- 주소 강원도 정선군 둣면 구절리 290-20
- 전화번호 033-562-5041
- 홈페이지 없음
- 주차공간 식당 맞은편에 주차
- 테이블 규모 80석
- 곁들이면 좋은 서브메뉴 황기백숙
- 휴무일 연중무휴
- 영업시간 09:00~20:00

|주변 볼거리|| 아우라지, 오장폭포, 병방치고개, 화암동굴, 민둥산

★ 한술더맛집
- 주소 서울특별시 강남구 역삼1동 798-1
- 전화번호 02-555-6993
- 주차공간 식당 앞에 3대 가량 가능
- 테이블 규모 60석 정도
- 곁들이면 좋은 서브메뉴 콩나물해장국
- 휴무일 매주 일요일(토요일은 영업 유무 전화 문의)
- 영업시간 11:30~21:00

|주변 볼거리|| 선정릉, 코엑스 아쿠아리움, 봉은사, 도산공원, 양재천

한국의 맛이 한데 담겨 있는
색도 고운 한 그릇을 보았는가

Menu 002

비빔밥

전주비빔밥

천황식당 비빔밥

무안비빔밥

함평 육회비빔밥

비빔밥 한 그릇에 한국의 문화가 담겨 있다. 한국인이 주식으로 삼는 흰 쌀밥에, 들판에서 나는 채소와 산속에서 나는 고사리와 버섯 그리고 특별한 날에 한 점씩 먹던 소고기 육회가 얹혀 있다. 현재 비빔밥은 일품 요리이자 건강 식단으로, 관광음식으로 한국을 대표하기에 이르렀다. 더욱이 비빔밥은 장소에 따라 절기에 따라 그 재료의 더하고 뺌이 자유롭다. 국경을 넘어 세계적인 음식으로 도약하기 좋은 요소를 지니고 있다.

그럼에도 불구하고 여전히 우리나라에서는 장터음식으로 남아 있고, 손님맞이 잔치음식으로 건재하다. 비빔밥을 찾아 떠나면 다양한 여행을 할 수 있다. 대표적인 음식으로 전주비빔밥, 진주비빔밥, 함평 육회비빔밥을 꼽을 수 있다. 그 음식들을 맛보면서 비빔밥의 유형과 변신하는 모습을 살펴보자.

글★사진 허시명

대한민국 성인치고 비빔밥을 못 만드는 사람은 없을 것이다. 갖가지 나물과 남은 반찬을 넣고 고추장 한 숟가락에 참기름 몇 방울 떨어뜨려 비비기만 하면 되기 때문에 단출한 음식으로 여겨지기도 한다.

그러나 상품화된 비빔밥은 화려하기 그지없다. 한국을 대표하는 음식으로 발돋움하여 1990년대 초에 비행기 기내식이 되었고, 1997년에는 세계 최고 기내식에 수여하는 '머큐리상'도 받았다. 요리사로 명성이 높아 한국에도 자신의 이름을 내건 식당을 차린 프랑스인 피에르 가니에르도 비빔밥을 최고로 치기도 했다. 2011년 '한국관광의 별' 시상식에서는 전주 고궁의 비빔밥이 외식사업장 부문의 별로 선정되었다.

비빔밥을 두고 다양한 찬사도 더해지고 있다. 갖가지 재료를 섞기에 '화합과 상생의 철학을 바탕에 둔 음식'이라고 평가한다. 더불어 '화이부동(和而不同), 조화를 이루되 개성이 살아 있는 음식'이라는 표현까지 끌어내고 있다. 이 때문에 화합의 상징으로 축제장에서 대형 비빔밥 비비기 행사가 펼쳐지기도 한다.

19세기 후반에 작성된 『시의전서』에 나온 '부빔밥'이란 표현이 현재로서는 비빔밥의 가장 오래된 표현이다. 19세기 초반에 홍석모가 쓴 『동국세시기』에는 비빔밥과 유사한 요리인 골동면이 등장한다. 이 골동면은 잡채와 배, 밤, 쇠고기, 돼지고기 등을 썰어 넣고 기름간장을 쳐서 메밀국수에 비빈 음식이었다. 1924년에 초판본이 나온 『조선무쌍신식요리제법』에는 부빔밥이 골동반(骨董飯)으로 소개되어 있다. 이때 멥쌀, 무나물, 콩나물, 숙주나물, 도라지나물, 미나리나물, 고사리나물, 느르미, 산적, 갖은 전유어, 기름, 깨소금, 튀각, 계란, 실백, 고춧가루를 사용하였다. 고추장이 주도하는 요즘 비빔밥과 차이가 있음을 알 수 있다.

비빔밥의 유래를 살펴보면, 남은 제사 음식이나 명절음식을 쓸어 모아 비벼서 먹은 음식이라는 견해가 있다. 명절 뒤에 남은 반찬을 밥과 비벼서 내놓은 음식을 한국인이라면 누구나 맛보았을 것이다. 나물과 고기를 간편하게 비벼먹는 식사가 이제는 웰빙 바람을 타고 한국적인 음식, 관광음식, 만인의 음식으로 탈바꿈하고 있다.

화려하고 다채로운 전주비빔밥을 찾아 고궁으로

전주는 비빔밥으로 요란한 동네가 되고 있다. 가을이면 비빔밥 경연대회를 겸한 축제를 벌이고, 비빔밥 세계화를 외치고 있다. 전주에서 비빔밥으로 유명한 식당을 택시 기사에게 물었더니, 가족회관, 한국집, 성미당, 중앙회관, 고궁 등을 꼽았다.

그중에서 한국관광의 별로 선정된 고궁을 찾아갔다. 고궁은 2층에 비빔밥 전시관을 갖추고 있었다. 비빔밥의 어원과 역사를 소개하고, 전주, 진주, 해주, 안동비빔밥을 비교 소개하고 있었다. 손님 받을 자리에 전시관까지 만들어놓았으니, 한 그릇 비빔밥에 문화까지 얹어서 팔고 있는 셈이다.

고궁의 식단에서 선택할 수 있는 비빔

비빔밥 전시관의 비빔밥 재료와 유기그릇에 담긴 전주비빔밥

밥은 전주전통비빔밥, 돌솥비빔밥 그리고 골동반 정식이다. 전주전통비빔밥은 유기그릇에 담긴 비빔밥이었고, 돌솥비빔밥은 뜨거운 돌솥에 담긴 비빔밥이었다. 골동반 정식은 왕족(王族) 정식이라고 부연 설명하고 있는데, 전주식 일품 요리와 비빔밥을 결합한 식탁으로 육회, 잡채, 수삼샐러드, 삼합, 갈비떡찜, 신선로, 북어구이, 골동반, 녹두전으로 구성되어 있다.

비빔밥 전시관에 진열된 비빔밥 모형들

　1인분만 시킬 수 있다는 것도 비빔밥의 매력이다. 유기그릇에 담긴 전주전통비빔밥을 맛을 보았다. 비빔밥이 오독오독 씹힌다. 잣, 호두, 은행, 밤, 대추로 구성된 오실과가 밥 속에 숨어 있다. 밥보다 나물들이 훨씬 더 씹힌다. 애호박나물, 시금치나물, 도라지나물, 오이나물, 고사리나물, 무나물, 표고나물, 취나물 등 보물찾기하듯이 뒤져야 볼 수 있다. 간이 된 나물에 고추장을 비벼 먹는데도 짜지 않고, 맵지 않다.

　참기름 간이 된 청포묵과 콩나물이 있어 고소하고 감칠맛이 돈다. 돌솥은 뜨거워서 손으로 만지기가 어렵지만, 유기그릇은 두 손으로 감싸 따스한 온기를 즐길 수 있다. 밥 속에 얹힌 나물이며 고기류들을 물어보니 그 종류가 자그만치 22가지라고 했다. 그 화려함과 풍성함에 오장육부가 절로 녹아난다.

　전주비빔밥은 식재료들이 잘 어우러진 오케스트라 합주단 같다. 물론 그 안에는 중심이 되는 밥이라는 존재가 있다. 이 때문에 전주비빔밥은 밥을 중심으로 많은

진주의 음식지도. 비빔밥집이 맨 앞에 소개되어 있다

반찬이 어우러진 거방진 한국음식의 축소판 같다.

일곱 가지 보석으로 꾸민 꽃밥 진주비빔밥, 천황식당

　비빔밥은 전주보다도 진주가 더 오래되었다고들 한다. 진주는 전주보다도 좀 더 구체적인 전승 내력을 갖고 있기 때문이다. 진주비빔밥은 다섯 가지 나물을 기본으로 육회와 고추장을 올려 칠보화반(七寶花飯) 또는 꽃밥이라 불리며 궁중에서 즐겨먹던 음식이라는 설과 임진왜란 때 진주성싸움에서 부녀자들이 간편하게 지어 나른 밥이 진주비빔밥이라는 설이 있다.
　진주의 유명한 비빔밥집으로 대안동 중앙시장 안에 있는 천황식당과 제일식당을 꼽을 수 있다. 두 곳 모두 비빔밥과 육회를 낸다. 비빔밥과 육회는 어떤 연관이

▲ 천황식당 장독대 ▼ 천황식당 비빔밥 ▶ 맞은편 건물 옥상에서 내려다본 천황식당 전경

있을까? 흔히 비빔밥 하면 채소를 많이 넣고 고추장을 버무려 먹는다고 하지만, 진주비빔밥도 함평비빔밥도 육회가 빠지지 않는다. 고기가 빠진 비빔밥은 고추장이 없는 비빔밥만큼이나 허전하다.

중앙시장의 천황식당을 찾아갔다. 시장통 사거리에 터를 잡고 있는 천황식당은 건물부터 특이하다. 한국전쟁 직후에 지은 건물로 지붕의 물매가 가파른데, 처마

▲ 함평과 이웃한 무안비빔밥, 밥이 따로 나왔다   ▶ 장터음식인 함평 육회비빔밥

의 차양이 따로 없다. 천황식당은 1927년에 진주 대방네에서 시작되었고 중앙시장으로 옮겨와 현재 3대째 이어져 오고 있다.

　진주비빔밥과 무, 양배추, 콩나물, 숙주, 고사리, 여린 배츠 등의 나물에 육회가 얹혀 나온다. 전주비빔밥보다는 훨씬 간결하여 육회의 맛이 쫀득하게 씹히는 게 진솔하게 느껴진다. 천황식당의 오래된 나무 탁자도, 안마당의 장독대도 비빔밥의 맛을 더 깊게 해준다. 안주인은 장독대에서 천황식당의 맛이 나온다고 했다.

　진주비빔밥과 함께 나오는 국은 쇠고기 선짓국이다. 육회와 선짓국은 예나 지금이나 집에서 요리해 먹기 쉽지 않은 별식이다. 천황식당 비빔밥에서는 채소를 잘게 썰어낸다. 쉽게 비벼 먹으라는 배려다.

　그리고 비빔밥의 깊이를 더하기 위해 주방에서 마른 오징어와 마른 홍합을 삶은 국물을 비빔밥에 한두 숟가락 촉촉하게 적셔 내놓는다. 비빔밥이 조촐하게 여겨지는 손님들을 위해 석쇠불고기와 육회도 마련되어 있다. 석쇠불고기는 육회를 꺼리는 손님들을 위한 요리다.

Part 01　한국인의 기를 살려주는 밥

우시장과 함께 번성한 함평육회비빔밥

　비빔밥의 격조를 높이기 위해서 궁궐 쪽으로 그 근원을 가져가기도 하지만 비빔밥의 구성을 잘 들여다보면 장터음식의 성격이 강하다. 함평비빔밥을 살펴보면 그 특징이 잘 드러난다. 함평비빔밥은 함평장의 대표적인 음식이다. 함평장은 2일과 7일장에 맞춰 우시장이 열리는데, 전라남도의 소값을 좌우한다는 소리를 들을 정도로 그 규모가 크다. 지금도 그 전통을 이어와 한우특구로 지정되어 한우 작목반 다섯 군데와 함평 영농합법인이 한약재를 첨가한 사료로 차별화된 한우를 키우고 있다.

　함평장터에는 비빔밥타운이 있는데 대표 비빔밥집으로 대흥식당, 화랑식당, 목포식당 등이 있다. 함평비빔밥에는 밥에다 콩나물, 애호박나물, 달걀 흰자위 지단, 김, 상추, 깨소금, 고춧가루, 참기름, 고추장을 넣고 그 위에 쇠고기 육회를 올려 내놓는다. 장터 손님들을 위한 음식이라 간편하고 내놓는 것도 신속하다. 큰 쟁반 위에 비빔밥과 함께 물김치, 겉절이 김치, 묵은 김치가 나오는데, 다른 지방에서 볼 수 없는 특별한 반찬은 기름기를 빼고 채 썬 비계다. 고소한 맛을 더하라고 예전부터 비계를 넣었다고 한다. 국물은 맑은 선짓국이 나온다.

　함평비빔밥은 육회비빔밥이라고 할 정도로 육회의 비중이 높다. 잘게 썬 육회의 질감이 부드럽고 찰지다. 장터를 돌아보고 맛보는 육회비빔밥 한 그릇이 장꾼들에게나 여행자들에게나 큰 위안이 될 터다.

Travel Tip

★ 고궁 전주본점
- 주소 전라북도 전주시 덕진구 덕진동 2-168
- 전화번호 063-251-3211
- 홈페이지 www.gogung.co.kr
- 주차공간 넓음 • 테이블 규모 30석
- 곁들이면 좋은 서브메뉴 골동반 정식, 전골류
- 휴무일 명절 연휴 • 영업시간 11:30~21:30

★ 가족회관
- 주소 전라북도 전주시 완산구 중앙동 3-80
- 전화번호 063-284-0982
- 홈페이지 www.jeonjubibimbap.com
- 주차공간 100대 주차 가능 • 테이블 규모 300석
- 곁들이면 좋은 서브메뉴 가족회관 정식
- 휴무일 명절 연휴 • 영업시간 11:30~21:30

|주변 볼거리| 전주한옥마을, 경기전, 전주 전동성당, 덕진공원, 풍남문, 전주객사, 전주전통술박물관

★ 천황식당
- 주소 경상남도 진주시 대안동 4-1
- 전화번호 055-741-2646 • 주차공간 있음
- 곁들이면 좋은 서브메뉴 석쇠불고기, 육회
- 휴무일 첫째, 셋째주 월요일
- 영업시간 09:00~21:00

★ 제일식당
- 주소 경상남도 진주시 대안동 8-291
- 전화번호 055-741-5591
- 주차공간 중앙시장 공영주차장 무료주차
- 테이블 규모 100석
- 곁들이면 좋은 서브메뉴 해장국, 국밥, 육회, 가오리
- 휴무일 연중무휴
- 영업시간 11:30~21:00(03:30~11:30에는 해장국만 가능)

|주변 볼거리| 촉석루, 진주성, 진주남강, 국립진주박물관, 태정민속박물관

★ 화랑식당
- 주소 전라남도 함평군 함평읍 기각리 982
- 전화번호 061-323-6677
- 주차공간 5일장 안의 주차장 이용 가능
- 테이블 규모 16석
- 곁들이면 좋은 서브메뉴 육회, 생고기, 낙지비빔밥
- 휴무일 연중무휴 • 영업시간 09:00~21:00

★ 대흥식당
- 주소 전라남도 함평군 함평읍 기각리 980
- 전화번호 061-322-3953
- 주차공간 5일장 안의 주차장 이용 가능
- 테이블 규모 100석 정도
- 곁들이면 좋은 서브메뉴 육회, 생고기
- 휴무일 명절 연휴 • 영업시간 11:00~21:00

|주변 볼거리| 함평5일장(2일, 7일), 함평나비축제, 돌머리해수욕장, 신흥마을, 고막천석교

이보소, 뜨끈한 국밥
한 그릇 묵고 가소

Menu 003

돼지국밥

진주비봉식당 돼지국밥 한 숟가락

동부식육식당 돼지국밥

돼지국밥의 간을 맞추는 새우젓

돈수백정식

그 지역에 가면 꼭 먹어봐야 할 음식들이 있다. 부산과 경상남도 사람들이 즐겨 먹는 돼지국밥이 그렇다. 각 지방의 토속음식들이 전국으로 진출하는 동안에도 돼지국밥은 여전히 경상남도에만 뿌리를 내리고 있는 것이 유별나다. 이곳에 가야 제대로 된 돼지국밥을 맛볼 수 있으니 그 맛이 궁금해서 먹고 싶고, 먹어본 사람들은 그리워서 다시 찾게 된다.

지금은 돼지국밥의 원조라고 알려진 밀양보다 부산의 돼지국밥이 더 유명해졌다. 아마도 부산 사람의 정서와 향토색이 육수 속에서 진하게 우러나와야 제맛을 내기 때문이 아닐까.

글★사진 김혜영

돼지국밥의 원조를 두고 부산이다, 밀양이다 의견이 분분하지만 밀양이라는 의견이 대체로 많다. 70여 년 전 밀양 무안면 장터에서 최웅달 씨가 돼지국에 밥을 말아 판 것이 시초라는 것이다. 밀양에서 주로 먹던 돼지국밥이 부산에서 인기몰이를 하게 된 계기는 한국전쟁이라고 한다. 난리통에 각 지방의 피난민들이 부산으로 몰려들었다. 그들은 값싸고, 푸짐하면서도 빨리 먹을 수 있는 음식이 절실했는데 돼지국밥이 그 조건에 딱 맞았던 것이다. 전쟁이 끝난 후에도 돼지국밥은 인기가 많아 부둣가와 터미널, 시장을 중심으로 돼지국밥 골목이 형성됐다. 지금도 조방(조선방직) 앞과 서면, 부산대학교 앞 일대에 국밥골목이 남아 있다. 허영만의 『식객』에 등장하는 '마산돼지국밥집'도 이곳에 있다.

돼지국밥을 만드는 과정은 어느 식당이나 비슷하다. 돼지육수를 낼 때 사용하는 돼지뼈(다리뼈, 등뼈, 돼지머리)는 냉동한 것을 사용하지 않으며, 노린내가 나지 않도록 삶는 것이 가장 중요하다. 육수를 내기 전에 5~6시간 정도 찬물에 담그거나 끓여서 핏물을 빼는 과정이 필요하다. 손질한 사골은 24시간 동안 푹 삶는데 이때 소주나 된장, 양파, 생강 등을 넣어 잡내를 제거한다. 삶는 동안에 여러 차례 기름을 제거해준다.

국밥이 말아지는 과정은 순식간이다. 뚝배기에 밥을 넣고, 육수를 부었다가 국통에 다시 붓고, 다시 뚝배기에 육수를 담기를 몇 차례 반복하여 밥과 뚝배기를 데운다. 그 다음에 돼지 앞다리살이나 뒷다리살, 목살, 항정살을 얇게 썬 수육을 올린다. 식당에 따라 다대기를 국밥 위에 올리기도 하고, 따로 내주기도 한다.

돼지국밥의 상차림은 단출하다. 부추무침과 새우젓, 썬 양파와 고추와 파, 된장, 깍두기, 소면 약간이 전부다. 이중 부추무침과 새우젓은 간을 맞추는 데 필수다. 젖빛 돼지국밥에 다대기와 송송 썬 파를 얹어 불그스레하게 빛깔을 맞추고, 참기름과 고춧가루로 양념을 한 부추무침을 뚝배기가 넘치도록 수북이 쌓고, 새우젓으로 간을 맞춘다. 국밥의 재료들을 꾹꾹 눌러 잘 섞은 후 크게 한입 푹 떠서 입안에 넣으면, 뿜어져 나오는 후끈한 입김 앞에 맹렬한 동장군도 힘없이 녹아내릴 것 같다.

40년간 변함없이 대학생들의 입맛을 사로잡은 진주비봉식당

부산 조방 앞에 돼지국밥의 원조라고 하는 국밥집들이 있지만, 부산대학교 앞에 있는 돼지국밥 골목의 돼지국밥 맛도 이에 못지않다. 대학교에 다닐 때는 일주일에 서너 번씩 찾았던 돼지국밥 골목. 15년이 지난 지금, 다시 찾았다.

1990년대 초 서태지와 아이들이 가요계를 휩쓸고, X세대라는 신조어가 생겨나고, 학교 앞에 있던 구멍가게 같던 분식집과 호떡집이 노래방과 호프집으로 바뀔 때도 돼지국밥집은 그 자리를 고수했다. 학교 앞에 있던 허름한 상가들이 점차 대규

▲ 양은쟁반에 가득한 푸짐한 한 상
▼ 부추무침을 듬뿍 얹어 먹어야 제맛인 돼지국밥

모 식당과 주점, 의류상가로 변해가는 틈바구니 속에서 지금까지 국밥골목이 남아 있다는 것이 신기하기만 하다.

이 골목 안에서 입소문 난 곳이 진주비봉식당이다. 가게 안은 골목을 따라 길쭉하게 생겼다. 오전 9시, 가게 문이 열리자마자 아주머니 두 분이 좁은 주방에서 전날 하루 종일 고아 둔 육수를 데우기 위해 바삐 움직이고, 바깥 주인장은 돼지국밥에 넣을 고기(전지, 후지, 목살)와 마늘, 고추, 양파를 자르며 손님 맞을 준비를 한다. 이때 손님들이 우르르 몰려온다. 그들은 국밥집 문 여는 시각을 꿰고 있고, 자리에 앉자마자 주문하는 폼이 단골임이 분명하다.

진주비봉식당이 이곳에 터를 잡은 것은 40여 년 전. 할머니가 가게를 운영하다가

진주비봉식당 외관

20년 전부터 조카가 물려받았다. 대학교 1학년 때부터 이곳에 들락거렸으나 세월이 흐른 탓에 나도 주인장을 기억하지 못 하고, 주인장도 단골을 알아보지 못한다.

주인장이 주문을 받은 지 5분 만에 둥근 양은쟁반 위에 국밥을 내온다. 국밥 한 그릇과 마늘, 고추, 양파, 된장, 새우젓, 소면, 부추무침이 쟁반에 꽉 차니 그냥 쟁반 채 놓고 먹는다. 국물이 진하고 고소하다. 돼지 냄새는 당연히 나지 않는다. 다대기는 주방장이 알아서 국밥 위에 올려줬다. 그 양이 적당해서 덜고 말고 할 것도 없다.

그 덕에 국물이 얼큰하고 칼칼해서 끝맛이 시원하다. 소주를 부르는 맛이다. 부추무침을 듬뿍 올리고, 새우젓으로 간을 갖춘다. 양도 푸짐해서 아침식사로는 과할 정도다. 국밥 값은 단돈 4,000원. 다행이다. 옛맛을 고스란히 추억할 수 있으니.

밀양 돼지국밥의 원조, 동부식육식당

돼지국밥의 원조라고 하는 최 씨 3형제가 70년 전에 무안면에 각각 무안식육식당, 제일식육식당, 동부식육식당을 차렸다. 지금은 그의 자손들이 3대째 가업을 잇고 있다. 이중 무안면 표충비 인근에 있는 동부식육식당을 찾았다. 식당은 단체손님도 받을 수 있을 만큼 규모가 크다. 안에는 정육 코너도 갖췄다. 신선한 고기를 즉석에서 공급하니 고기 맛이 좋을 수밖에 없다. 돼지국밥을 주문하자 밑반찬이 한 상 차려져 나온다.

국물을 한술 떠먹어 보니 '이게 무슨 맛인가?' 싶을 정도로 심심하다. 국물 빛깔도 뽀얗지 않고 희멀건 하다. 주방장에게 물었다. "육수가 다른 지방 돼지국밥과 다른데 어떤 재료를 쓰나요?" "우리는 돼지

동부식육식당 돼지국밥과 수육

뼈는 냄새가 나서 안 쓰고 암소의 사골과 양지로 국물을 내요. 그래서 육수가 맑고 담백한 거예요." 고개를 갸웃거리며 부추무침을 담뿍 담고, 다대기와 새우젓으로 간을 한다. 다시 맛을 보니 그제야 맛이 살아난다.

국밥에 올리는 고기는 돼지 목살과 뒷다리살을 쓴다. 쪽쪽 씹어도 고기에서 비린 맛이 나지 않는다. 동부식육식당의 돼지국밥은 진한 곰국 같은 국물을 선호하는 사람들에겐 물 탄 듯 느껴질 것이고, 서울식 설렁탕처럼 맑고 깔끔한 맛을 좋아하는 사람들의 입맛에는 맞을 것 같다.

동부식육식당의 돼지국밥 상차림과 수육 한 젓가락

이 식당은 돼지국밥이 주메뉴이지만, 사실 돼지국밥보다는 수육에 더 후한 점수를 주고 싶다. 수육은 비계가 적당히 있으면서 육질이 투명하고 연하면서도 탱글탱글 탄력이 있다. 상추쌈에 마늘을 얹고 새우젓을 얹어 한입 넣으면 버터처럼 고소한 맛이 입안 가득 감돈다.

서울에서 부산 돼지국밥의 맛을 고수하고 있는 돈수백

서울에서는 보기 힘든 돼지국밥집. 부산에서 파는 돼지국밥의 맛을 그대로 옮겨 온다면 호떡집 불난 듯 잘될 것도 같은데 이상하게도 그런 경우가 흔치 않다. 그런데 서울에서도 젊음의 거리로 통하는 홍대 앞에 돼지국밥의 명성을 떨치고 있는 곳이 있으니 바로 돈수백이다. 돈수백의 이강일 사장은 부산 출장 중에 돼지국밥을 맛본 후 식당을 열게 되었다고 한다.

돈수백에 가기 전, 돼지국밥 하면 떠오르는 이미지 때문에 식당 분위기가 주점처럼 토속적일 것이라고 예상했다. 웬걸, 식당 안에서조차 돼지육수 냄새가 풍기

▲ 깔끔한 돈수백 실내와 새우젓, 쫄깃한 물만두 ▼ 보기만 해도 먹음직스러운 돈수백정식

지 않고, 넓은 홀과 여유 있는 좌석 배치, 은은한 조명과 인테리어 소품의 적절한 조화가 산뜻한 느낌을 준다.

돈수백은 '돼지국밥' 대신 '돈탕반'이란 이름을 사용한다. 돈수백정식(돼지수육백반)을 주문하면 수육이 함께 나온다. 돼지국밥과 수육을 따로 주문하기엔 양이 벅

찬 사람들에게 합리적인 메뉴다. 뚝배기에 돼지육수와 밥이 따로 나오고, 부추무침, 새우젓, 깍두기, 다대기, 소면을 비롯한 밑반찬과 수육(삼겹살, 목살, 항정살) 한 접시, 수육용 보쌈속과 상추쌈, 돼지고기를 찍어 먹을 간장소스 등이 한 상 차려진다. 수육을 먹는 내내 따뜻하게 먹을 수 있도록 접시를 워머 위에 올려준다. 깔끔한 테이블 세팅이 식욕을 더욱 북돋운다.

 부산 돼지국밥은 맑고 개운한 맛에 다대기를 넣어 얼큰하게 즐기는 것이라면 돈수백의 돼지국밥은 훨씬 진하고 부드럽다. 여느 돼지국밥 식당처럼 24시간 돼지 뼈를 우려내는 것은 기본이다. 공깃밥을 덜어 국에 넣어 말아 먹고, 소면까지 먹으니 세상 부러울 것이 없다. 돈수백은 얇고 쫀득한 만두피에 고기 속이 알찬 만두도 맛있다.

Travel Tip

★ **진주비봉식당**
- **주소** 부산광역시 금정구 장전3동 421-7
- **전화번호** 051-518-1146
- **홈페이지** 없음
- **주차공간** 식당 맞은편에 유료주차장 있음
- **테이블 규모** 28석 정도
- **곁들이면 좋은 서브메뉴** 내장국밥, 순대국밥, 시락국밥, 선짓국밥, 짬뽕국밥, 수육, 순대
- **휴무일** 첫째주 일요일
- **영업시간** 09:00~23:00

|주변 볼거리| 부산대학교 앞 쇼핑거리, 금정산성, 산성마을, 범어사

★ **돈수백**
- **주소** 서울특별시 마포구 동교동 164-24(지하철 2호선 홍대입구역 4번출구)
- **전화번호** 02-324-3131
- **홈페이지** www.donsoobaek.com
- **주차공간** 3~4대 주차 가능
- **테이블 규모** 40석
- **곁들이면 좋은 서브메뉴** 수육, 수제 만둣국
- **휴무일** 일요일 20:00~월요일 09:00
- **영업시간** 24시간

|주변 볼거리| 홍대쇼핑거리, 홍대앞 소극장, 홍대프리마켓, 절두산성지, 선유도공원

★ **동부식육식당**
- **주소** 경상남도 밀양시 무안면 무안리 825-8
- **전화번호** 055-352-0023
- **홈페이지** 없음
- **주차공간** 식당 옆에 주차장(10대 정도 가능) 있음
- **테이블 규모** 140석
- **곁들이면 좋은 서브메뉴** 소국밥, 소곰탕, 소육회, 소수육, 소불고기, 돼지수육, 삼겹살
- **휴무일** 연중무휴
- **영업시간** 09:30~21:00

|주변 볼거리| 표충비, 표충사, 영남루, 호박소계곡, 얼음골, 만어사

 곰탕 ★ 유현영

  제주도 국 ★ 유정열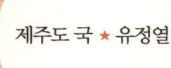

 추어탕 ★ 임운석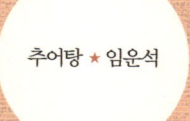

몸과 마음을 포근히 감싸주는
비교 불능의 맛

Menu 004

곰탕

하얀집 곰탕

노안집의 쫀득한 수육

고개너머곰탕의 수육

하동관의 푸짐한 곰탕 한 그릇

곰탕을 떠올리면 연노랑과 초록으로 패치워크 된 커다란 매트가 함께 떠오른다. 계절이 바뀔 무렵 서늘한 긍기가 콧속으로 스밀 때쯤이면 엄마는 벽장 안에 잘 개두었던 매트를 꺼내 빨래 줄에 널어 '탁탁' 소리 나게 털고 가을볕을 따스하게 받은 매트를 마루 위에 깔았다. 그 매트가 깔리는 날의 흥분을 기억한다. 가볍고 커다란 매트는 남매에겐 들어가 숨고 돌돌 말고 싶은 마법 담요 같은 것이었다.

그와 동시에 뒷마당에 걸린 곰솥에선 연신 김이 피어올랐다. 겨울을 잘 나기 위한 환절기 보양식으로 곤탕은 우리집의 별미였다. 뽀얀 국물에 파를 넣지 않겠다고 때를 쓰기도 했지만 둥근 밥상에 둘러 앉아 먹던 진한 곰국 한 그릇은 엄마의 정성어린 음식으로 기억되고 그 맛은 그 무엇과도 비교할 수 없다.

글★사진 유현영

"붕어빵에 붕어 들어 있어요?" 붕어빵 트럭 앞에 오밀조밀 모여 있는 아이들은 입을 맞춰 큰소리로 묻더니 이내 배를 잡고 웃는다. 붕어빵에 붕어가 들어 있을 리 없다는 것은 아이들도 안다. 그저 붕어빵이 구워져 나오는 시간의 무료함을 그렇게 달래고 있는 듯한데 그렇다면 곰탕에는 곰이 들어 있을까?

싱거운 소리 그만하라고 할지 모를 질문을 실제로 하는 사람이 있었고 수십 년 전통의 곰탕집치고 이 질문 들어보지 않은 집이 없단다. 곰탕의 '곰'은 '고다'에서 나온 말이다. '고기나 뼈 따위를 무르거나 진액이 빠지도록 끓는 물에 푹 삶다'의 뜻을 가졌다. 고아내는 재료에 따라 설렁탕과 곰탕으로 나뉘는데 설렁탕은 뼈를 곤 국물에 도가니와 양지 등을 넣고 고기가 무르도록 익혀 함께 먹는다. 곰탕은 주로 머리고기, 양지, 우설 등의 고기를 고는 탓에 우유 빛깔의 설렁탕과 달리 국물 색이 투명하다.

설렁탕과 곰탕 모두 뼈와 고기를 고아내지만 주재료가 다르다고 할 수 있다. 좋은 재료로 오랜 시간 고아낸 곰탕은 맑은 국물에 담백하고 고소한 맛이 일품일 뿐 아니라 훌륭한 영양식이 되어준다.

시간과 정성이 만들어내는 곰탕은 요즘에는 찾아먹는 일이 어렵지 않게 되었다. 커다란 곰탕 솥을 바깥으로 내걸고 영업하는 전문점들이 많이 생겼고, 그 덕에 사철 어느 때라도 먹을 수 있는 음식이 되었다. 하얗게 김이 오르는 따끈한 국물 때문인지 기운이 달리고 마음이 헛헛할 때면 따끈한 뚝배기 앞에 두고 앉고 싶다.

따끈한 곰탕 한 그릇이 속을 데워주고 마음에 위로가 되어주길 기대할 때 좋은 사람과 함께 찾아가면 좋을 집들을 꼽아본다. 이왕이면 뚝배기에 숟가락 부딪히는 소리가 민망하지 않은 사람이면 좋겠다. 뜨거운 국물을 후후 불어먹느라 콧잔등에 땀이 어려도 웃어줄 수 있는 사람, 한 그릇 온전히 비워내고 든든해진 속을 흡족해 할 친구와 마주 앉고 싶다.

나주 곰탕거리에는 하얀집, 노안집이 있다

전라남도 나주에 가면 곰탕거리가 있다. 어쩌다 한번이면 몰라도 며칠간 머물면서 몇 번이나 곰탕을 먹을 수 있을까 싶었는데 그것은 기우였다. 나주의 진산인 금성산을 오르기 전 아침식사로 곰탕 한 그릇, 하루 내 걷다가 되돌아와 먹는 저녁식사로 곰탕에 수육 한 접시 곁들이면 그야말로 황홀했다. 들고나는 사람들을 보면 아이를 동반한 가족도 많고 포장해가는 사람들도 끊이지 않는다.

곰탕거리에서 만난 곰탕은 애살스럽다. 말간 국물에 계란 지단을 곱게 얹었다. 국

하얀집의 곰탕 한 그릇

물은 먹기 좋게 따끈하고 뚝배기는 마지막까지 온기가 전해진다. 테이블마다 놓인 천일염으로 적당히 간을 해도 좋고 묵은지를 얹어 새큼한 맛을 더해도 좋겠다. 토렴한 밥은 부드럽게 씹히고 적당히 들어간 수육도 젓가락으로 먹는 재미가 있다. 그렇게 마지막까지 따끈한 곰탕 한 그릇을 먹고 나면 든든함이 오래가고 뱃속도 편안하다.

나주목의 객사였던 금성관을 좌우로 형성된 곰탕거리는 집집마다 단골을 두고 있는 오래된 골목이다. 그런데 이곳에 웬 곰탕골목일까? 나주 음성의 읍내 장터에서 자연스럽게 발생된 음식으로, 소를 잡을 때 나오는 머리고기, 뼈, 내장 등을 이용해 만들어 읍내 장에서 팔던 장터 국밥이 현재의 나주곰탕이다.

▲ 깍두기가 제격인 하얀집 곰탕과 노안집 곰솥 그리고 쫀득한 수육 ▼ 곰솥에서 끓고 있는 고기들과 노안집 입구

    그렇게 형성된 곰탕집들은 40~60년, 3대에서 4대를 걸쳐 대물림되고 있다. 말끔한 국물과 계란 지단을 올리고 고춧가루를 뿌린 모습은 곰탕거리의 공통된 모습이지만, 집집마다 같은 듯 다른 맛을 낸다. 집집마다 맛의 비결 또한 다르다. 한우 머리고기, 양지, 우설 등의 사골을 푹 고는 것은 같지만 어느 부위를 더 넣고 말지, 얼마만큼의 시간을 들여 고아낼지도 다르다. 불의 크기, 물의 양, 그릇의 온도까지 저마다 다르다. 한 그릇 음식에 들어가는 정성치곤 한이 없다.

    그러다 보니 음식은 마치 보약 같다. 알싸하게 코끝에 맴돌던 감기 기운이 곰탕 한 그릇을 비워내면 정수리에서 땀이 쑥 나면서 몸이 한결 개운해진다. 나주 곰탕거리에서 계절과 계절의 사이, 하루를 보내다 보면 어제와 오늘이 천지 차이처럼 다르고 하루 밤새 나뭇잎이 색을 갈아입는다. 그 시간을 뚝배기에 전해지던 따스한 온기로 채운다. 금성관 망화루 너머로 가을볕이 길다.

▲ 하동관의 옛 모습　▶ 하동관의 푸짐한 곰탕 한 그릇과 깍두기가 들어간 특곰탕　▼ 김치와 파 고명

서울식 곰탕의 대표이자 일부러 찾아도 후회 없을 그곳, 하동관

　하동관 앞으로 줄이 길다. 먼저 서서 후배를 기다린다. 객지생활 10년차에 생긴 과민성 위장염 때문에 잘 챙겨 먹어야 하는데 예민한 속에 가려먹자니 먹을 것도 마땅치 않은 녀석이다. 기름지지 않은 고단백 음식으로 보양을 좀 시켜주자 싶었다. 약속시간이 다가오고 바람에 날려 온 낙엽이 한잎 핑그르 돌다 떨어진다.
　하동관은 서울 한복판 명동에 자리 잡고 있어 시도 때도 없이 손님이 붐비는 곳이다. 그 인기의 비결은 장소 덕이 아니라 이 집의 음식 덕이다. 60년이 넘는 시간 동안 곰탕을 팔아온 이 집은 서울식 곰탕의 대표 격이다. 팔 만큼 만들어 팔고 저녁 장사를 하지 않는 것은 술손님을 받지 않기 위한 것이라는 것과 영업시간 이후의 남은 음식은 배고픈 사람들과 나눈다는 이야기는 만화가 허영만의 『식객』에 소개되면서 널리 알려졌다.

계산을 하고 번호표를 받고 주문한 음식을 기다린다. 하동관의 곰탕은 뚝배기 대신 놋그릇에 담겨 나온다. 냉면그릇 크기에 남실대며 국물이 담겨 있다. 테이블에 놓인 파와 소금을 넣고 간을 맞춘다. 깍두기 국물을 넣기도 하는데 우선 고소한 국물 맛을 본다. 말간 국물 맛 뒤로 고소함이 번진다.

오랜 시간 장사를 했으니 단골도 많고 후일담도 제각각이다. 모두의 입맛에 고루 맞을 순 없겠지만 젊은 사람들 입맛에도 나쁘지 않다. 처음 맛보는 후배의 입에도 나쁘지 않은가 보다. 삼삼한 맛으로 반쯤 먹고 나머지 반엔 새콤한 깍두기 국물을 더해 먹는다. 보기엔 아름답지 않지만 입맛을 돋우는 데엔 이만한 게 없다.

그렇게 하동관에서 이른 점심 먹고 남산기슭을 향해 걷는다. 말간 가을볕이 하얗게 내려앉은 길 위로 코스모스가 팔랑이고 살짝 열 오른 몸은 기운이 솟는다. 걷는 내내 후배의 속이 말짱한 걸 보니 과민성 위장염이 오늘은 잠잠하려나 보다.

입소문이 난 집, 몇 십 년이 되었다는 집을 일부러 찾아가는 사람도 있고 피하는 사람도 있다. 시어머니와 며느리 그리고 그 딸로 이어 내려온 하동관의 손맛도 오랜 단골의 입맛에 따라 수없이 검증받고 있다. 일부러 찾아가도 결코 후회하지 않을 집이다.

환자식으로도 손색이 없는 고개너머곰탕

안성의 고개너머곰탕은 제주도 이시돌목장의 쇠고기로 음식을 조리한다. 그 외엔 간을 비롯한 일체의 첨가물이 들어가지 않는다. 고소한 맛을 제외하면 다른 맛이 느껴지지 않을 정도다. 기름기 없는 국물은 가볍게 넘어간다. 다른 곰탕집에 비해 우윳빛이다. 사골 국물이 주가 되어 그렇다. 말간 국물은 도자기 그릇에 담겨 나온다. 수육이 몇 점 곁들여진 곰탕에 밥을 말아 잘 익은 섞박지와 먹는 맛이 일

▲ 고개너머곰탕 내부 ▼ 고개너머곰탕의 곰탕과 섞박지 그리고 수육

품이다. 딱 엄마가 끓여주신 기억 속의 곰탕처럼 사골을 여러 번 고아낸 국물은 뽀얗고 말갛다. 국물에 떠오른 기름을 문 밖에서 하룻밤 재우고 굳은 기름을 걷어내 기름기 하나 없이 국물을 내고 핏물 뺀 양지를 넣어 다시 끓여내 보슬보슬 부서지게 알맞게 익었다. 그래서인지 고기는 다른 반찬 없이도 밥 한 그릇 뚝딱 먹기 좋게 달다.

집에서는 며칠 동안 계속 먹어도 속이 편안했던 음식을 바깥에선 잘 먹지 않았던 건 먹고 나서 편치 않은 속 때문이었다. 집에서 먹던 것보다 좀 더 진하거나 기름진 차이를 입보다 속이 더 잘 알고 반응했다. 그 뒤로 곰탕은 집에서 먹는 음식이었는데 이곳에선 좀 다르다. 따끈한 사기그릇에 담긴 넉넉한 곰탕에 밥을 만다. 한 숟가락 입에 넣으니 침이 돌고 아삭하게 잘 익은 섞박지 한입 깨무니 어릴 적 밥상에 앉아 먹던 그 맛이다.

이곳의 곰탕은 환자식으로 알맞겠다 싶다. 오래 앓았던 사람이나 음식을 가려먹어야 하는 사람들이 편안하게 먹을 수 있는 음식이 아닌가 싶다.

곰탕집이지만 닭곰탕, 장어탕, 들깨탕 등 다양한 음식을 내놓는다. 하나같이 보양식이다. 그리고 한결같이 유기농 재료를 고집한다. 음식점에 붙은 안내문에서 '고개너머곰탕에서는 사람과 미래를 생각하는 친환경 유기농 참된 먹거리 되찾기 운동을 추구합니다'라는 글귀를 발견했다. 곰탕집에서 내세우는 모토로는 좀 거창하다 싶지만 그 배려가 고맙다. 정직한 재료와 정직한 맛으로 차별화를 두겠다기보다 좋은 음식 먹을 선택권을 주겠다는 것처럼 보인다.

세상에 식당은 많고 맛집도 많지만 그저 맛으로만 선택할 수 없는 사람들을 위한 배려가 고맙다. 며칠 동안 곰솥을 올려놓고 유리창에 김이 어리도록 고아낼 짬은 날 것 같지 않으니 당장은 생각나는 식구들 얼굴을 떠올리며 포장된 곰탕이며 들깨탕을 산다. 그리고 손이 여러 번 가고 귀찮은 일이 사랑의 표현이란 것을 생각한다. 입동이 되기 전에 가족을 위한 곰솥치레 한번 제대로 해볼 참이다.

Travel Tip

★ **나주곰탕 하얀집**
- **주소** 전라남도 나주시 중앙동 48-17
- **전화번호** 061-333-4292 **홈페이지** 없음
- **주차공간** 있음 **테이블 규모** 100석
- **곁들이면 좋은 서브메뉴** 수육
- **휴무일** 연중무휴 **영업시간** 07:00~24:00

★ **나주곰탕 노안집**
- **주소** 전라남도 나주시 금계동 23-5
- **전화번호** 061-333-2053
- **홈페이지** www.najunoan.com
- **주차공간** 있음
- **테이블 규모** 100석
- **곁들이면 좋은 서브메뉴** 수육곰탕, 수육, 육회
- **휴무일** 둘째주 목요일, 넷째주 월요일
- **영업시간** 07:00~24:00

|주변 볼거리| 목사내아와 목문화관, 금성관과 나주천, 동점문, 남고문과 서성문, 영산포 홍어거리, 나주천연염색문화관, 나주영상테마파크, 영산강, 나주학생독립운동기념관

★ **하동관**
- **주소** 서울시특별시 중구 명동 1가 10-4
- **전화번호** 02-776-5656
- **홈페이지** www.hadongkwan.com
- **주차공간** 인근 유료주차 가능
- **테이블 규모** 1, 2층
- **곁들이면 좋은 서브메뉴** 수육
- **휴무일** 첫째, 셋째주 일요일
- **영업시간** 07:00~16:30

|주변 볼거리| 남산공원과 한옥마을, 명동과 남대문시장, 덕수궁과 경복궁, 청계천과 광화문, 삼청동과 서촌골목길, 안국동과 인사동

★ **고개너머곰탕**
- **주소** 경기도 안성시 삼죽면 마전리 24-25
- **전화번호** 031-671-7786
- **홈페이지** blog.daum.net/gogaenomo/386
- **주차공간** 있음 **테이블 규모** 200석
- **곁들이면 좋은 서브메뉴** 장어탕, 들깨탕, 닭계장, 닭곰탕, 만둣국
- **휴무일** 연중무휴 **영업시간** 08:00~21:00

|주변 볼거리| 서일농원, 태평무전수관, 남사당전수관, 미리내성지, 칠장사

세상의 모든 국에 대한
특별한 예찬

Menu 005

제주도 국

돌하르방식당의 각재기국

화성식당의 접짝뼈국

우진해장국 몸국 한 숟가락

우진해장국의 고사리해장국

가끔 여유가 있을 때면 사진첩을 꺼내 추억이 촘촘히 박혀 있는 사진을 보곤 한다. 수십 년을 거슬러 올라간 네 살 때의 사진은 과연 내가 맞는지조차도 의심스러울 정도로 현재와 다른 모습이다. 학창 시절 이후 줄곧 마른 체형을 유지하고 있는데, 사진 속의 나는 유난히 통통하기 때문이다. 어머니에게 이유를 물었다. 왜 내가 이리 통통했냐고, 정말 나 맞느냐고.

어머니는 "그때 그러니까 네 동생이 태어날 때 몸을 풀기 위해 먹었던 미역국을 네가 다 먹었잖니, 어찌나 잘 먹던지, 김치를 척척 얹어 탐스럽게도 먹어댔지"라고 말씀하셨다. 지금은 나이가 들어 아무리 국을 먹어도 살이 찌지는 않지만, 세월이 갈수록 국에 대한 식탐은 늘어만 갔다.

글★사진 유정열

누군가 어릴 적 추억 중 가장 기억에 남는 것이 무엇이냐고 묻는다면, 어머니 손을 잡고 동생과 함께 창경궁(그때는 그곳에 놀이공원이 있었다)에 소풍을 갔던 기억이 떠오른다. 그리고 크리스마스 때 명동거리에서 빨간색 부츠를 신고 갈비를 먹었던 일, 시금치된장국에 밥을 말아먹던 추억이 연달아 몽실몽실 올라온다. 어렸지만, 달짝지근한 시금치와 구수한 된장은 참 잘 어울린다고 생각했다.

어느 추운 겨울 주말이었다. 아랫목에서 꼼짝하기 싫은 나와 동생을 다독이며 아버지는 동네 목욕탕에 데려가셨다. 목욕을 마치고 집에 돌아오면 어머니는 시금치된장국에 고등어구이, 잘 익은 총각김치가 차려진 아침상을 내오셨다. 지금도 이 상차림을 좋아한다.

정성이 가득 담긴 어머니의 식단에는 생선과 국이 빠지는 날이 거의 없었다. 생선을 좋아하는 아버지의 입맛에 맞춘 것이기도 하지만, 넉넉하지 않은 살림에 국 한 그릇은 별다른 요리가 없어도 배부르게 먹을 수 있는 식단이었기 때문이다. 성인이 되어 혼자 살게 되었을 때도, 국은 언제나 든든한 요리이자 생존수단이었다.

미대에 진학하기 위해 선배를 따라 다닌 화실에서 여름과 겨울철에는 집에도 못 가고 특강에 매달려야 했다. 경제적으로도 어려운 시기였다. 점심은 라면으로 때우고 저녁은 김치에 캔으로 된 고등어나 정어리를 넣고 끓인 찌개에 밥을 먹었다. 건더기라고 해봤자 숟가락 위에 올라오는 것은 조금일 뿐, 국물이 대부분이었다. 그래야 여러 친구들이 많이 먹을 수 있기 때문이다. 그나마 이것도 없어서 못 먹는, 맛이 아닌 양으로 먹던 시절이었다.

요즘 김치찌개나 된장찌개를 끓일 때도 가끔 실수를 한다. 자박한 국물에 진한 맛이 우러나야 하는데, 조절을 제대로 못해 국도 찌개도 아닌 중간의 음식을 만들곤 한다. 물을 조금만 넣어야지 하다가도 결국 국이 되고 마는 이유는 국물이 많아야 한다는 당시의 기억이 몸에 배어 있기 때문일 것이다.

한국음식의 3대 요소를 꼽자면 밥과 김치 그리고 국물을 들 수 있다. 국물에는 찌개와 국과 같은 탕이 있는데, 국과 찌개의 차이는 국물의 많고 적음에 따라 달라진다. 또 한자어인 '탕'은 순 우리말인 '국'에 비해 격조 있는 제사 때 사용하는 국요리를 주로 일컫는다. 국물요리 중에는 뜨거운 것과 차가운 냉국이 있는데 냉국 또한 여름철 더위를 이기는 음식 중 하나로 즐겨 먹었다.

국은 다양한 변신이 가능한 음식이다. 추운 겨울이든 더운 여름이든 계절별로 국물을 다르게 내어 먹었다. 재료에 따라, 즉 소고기냐 돼지고기냐 김치냐 된장이냐에 따라서도 이름이 달라진다. 술을 마신 뒤에 먹는 해장국이 있고, 특별한 경조사가 있을 때 먹던 설렁탕이나 갈비탕이 있다. 이뿐인가. 자신의 취향에 따라서도 수많은 국을 직접 만들어낼 수도 있다.

찌개는 간이 센 편이지만, 국은 싱거워야 한다. 그래서 무엇보다 재료가 중요하다. 황태가 좋아야 황태국이 맛있고, 좋은 미역을 사용한 미역국은 국을 넘어 보약이 되기도 한다. 지금 돌이켜보면 미역국은 어머니의 유일한 산후 조리 음식이었고 영양 보충제였다. 집안 사정이 어려워진 시기에는 미역국을 한 솥 끓여 놓고 끼니 때마다 수제비를 떠서 넣어 먹었다. 한창 자랄 나이에 그래도 자식 몸 걱정한 어머니의 고민이 담겨 있었다. 이렇듯 쌀이 부족해 여러 잡곡을 섞은 밥을 수월하게 넘기기 위해 국을 애용했고 적은 양으로 많이 먹기 위해 국을 끓였다. 말로는 표현하지 못할 우리집 삶이 깊게 우러난 국물이다.

여행이 삶의 일부가 된 지금도 어디를 가든 따끈한 국밥에 소주 한잔으로 그날의 피로를 푸는 것은 큰 즐거움이다. 주로 해장국이나 탕을 먹는데 대부분의 지역이 비슷한 반면 제주도는 이름도 생소한 음식들 때문에 참 낯설었다. 특히 돼지를 주재료로 만든 국들이 그랬다. 몸국? 고사리해장국? 접짝뼈국? 게다가 생선이 들어간 국이라니?

국을 좋아하는 사람에게 제주도는 미지의 개척지나 다름없었다. 지금은 그 음식이 그리워 오로지 먹기 위해 제주도를 찾을 만큼 나에게 각별하다. 제주도의 국은 척박한 환경에서 생존하기 위한 사람들의 처절한 고민이 담겨 있다.

생선으로 국을 끓인다고? 돌하르방식당의 각재기국

　제주 전통음식에 빠지지 않는 재료가 있다면 된장이다. 제주는 좋은 된장을 만들 수 있는 환경을 가지고 있어 육지에서는 된장을 조리해 먹는데 반해, 제주는 날된장을 많이 사용한다. 물회나 냉국에도 된장을 넣어 간을 맞추고, 회나 반찬도 된장에 무쳐 먹었다. 된장은 제주 음식 맛의 비밀인 셈이다.

　맛있는 된장과 생선이 만나 조화를 이룬 국물 음식으로는 각재기국이 단연 최고다. 각재기는 전갱이의 제주도 방언으로 비린내가 많이 나는 등푸른생선의 한 종류다.

　각재기국은 된장을 푼 육수에 배추와 각재기를 넣어 푹 끓여내는데 비린 맛은 온데간데없이 구수하고 담백하다. 비릿할 거라는 선입견은 사라지고 말없이 먹는 일에 열중하게 된다.

　각재기국을 잘하는 집으로 유명한 돌하르방식당은 거만한 식당이다. 오전 10시에 시작해 오후 3시면 문을 닫는다. 하나라도 더 팔아야 하는 장사의 미덕을 잊은 집이다. 영업시간이 짧다보니 늘 줄 서서 먹어야 하는 식당이 되었다.

　빼곡히 들어찬 사람들은 너나 할

시원하고 담백한 맛이 좋은 돌하르방식당의 각재기국

것 없이 각재기국에 막걸리를 한잔 걸친다. 밥만 먹고 나오기에는 너무나 아깝다. 각재기국만 맛있는 게 아니기 때문이다. 고등어조림, 오징어 회무침, 제주도 방언으로 멸치젓인 멜젓, 자리젓에 무를 졸인 촐래, 콩잎과 얼갈이 배춧잎이 곁들여 나온다. 술상인지 식사인지 모를 정도다. 또 각재기국에 넣어 먹는 다대기가 준비되어 있다. 마늘 다진 것과 빨간 고추 다진 것이 있어 입맛대로 선택할 수 있다.

각재기국은 올해로 일흔여덟 된 멋쟁이 할아버지 강영채 옹의 손에 의해 만들어진다. 조금 한가하다 싶으면 그는 식당을 돌아보며 반찬도 더 챙겨주고 생소한 음식에 대한 이야기도 들려준다. 한국전쟁 용사답게 그가 항상 입고 있는 빨간색 티셔츠와 모자는 돌하르방식당의 트레이드마크다.

듬삭한 맛이 즐겁다, 화성식당의 접짝뼈국

접짝뼈가 대체 뭐야? 뼈에다 살을 붙인 것이라고 오해하기 쉬운 접짝뼈의 정체는 머리와 갈비의 중간에 있는 등뼈 부위를 뜻하는 제주도 방언이다. 이 접짝뼈에 무를 넣고 푹 고아 메밀가루를 푼 것이 접짝뼈국의 정체다. 맛을 보기 전에 누군가 접짝뼈국에 대해 "허연 돼지 국물에 고기가 있고 걸쭉한 국물이 구수하다"고 말했는데, 도대체 그 뜻을 알 수가 없었다. 직접 맛을 보기 전까지는 실제에 접근하기 어려운 음식이었다.

접짝뼈국은 제주의 척박한 환경에서도 잘 자란 돼지와 메밀이 조화를 이룬 음식이다. 이것으로 제주 사람들은 보양과 부족한 영양분을 보충했다. 그래서 자주 먹는 음식이라기보다는 주로 잔칫상에 올려졌던 국이다.

처음 맛을 보자고 성급히 입에 담았다가는 큰일난다. 보기보다 뜨겁기 때문에

◀ 돌하르방식당의 별미 반찬 고등어조림 ▲ 화성식당의 고소한 접짝뼈국, 반찬으로 나오는 콩잎에 멜젓을 올린 쌈
◀ 제주의 진한 맛, 우진해장국의 몸국 ▶ 돌하르방식당의 멋쟁이 강영채 옹 ▼ 제주시 상도2동에 위치한 우진해장국

입천장이 도망갈 수도 있다. 제주특별자치도 삼양동 삼양파출소 주변에 위치한 화성식당은 제주 토속음식을 내는 집으로, 접짝뼈국을 잘 한다. 느끼할 것만 같은데 서양의 스프처럼 부드럽고 구수하다.

제주 사람들은 이러한 맛을 두고 듬삭한 맛(기름기가 돌아 맛이 매우 좋다)이라고 했다. 이만큼 적절한 표현은 없을 것이다. 여기에 콩잎과 배춧잎에 밥과 멜젓을 넣고 싸먹으면서 국을 몇 수저 떠먹는다. 태어나 처음 먹어보는 조합이 신기하고 괜찮았다. 느끼한 것을 싫어한다면, 김치를 넣어 먹는 것도 방법이다.

제주식 해장국, 우진해장국의 몸국과 고사리해장국

제주의 식재료 중 대표적인 것 중 하나가 토종돼지다. 먹을 것이 부족했던 제주에서 돼지는 중요한 단백질 공급원이었다. 돼지에게 먹일 것도 부족해 제주 사람들은 똥을 먹여 키웠었다. 이 돼지를 다양한 음식의 재료로 사용했는데, 고기국수, 해장국, 돔베고기, 제주식 족발인 아강발, 순대 등 거의 모든 음식에 돼지가 들어가 있다. 이 음식들 모두가 질적으로 우수한 돼지 덕분에 생긴 맛있는 음식이다.

제주 돼지로 육수를 내어 순대를 넣으면 순댓국이고, 모자반을 넣으면 몸국, 고사리를 넣으면 고사리해장국이 된다. 넣는 재료에 따라 맛도 다양해진다.

제주 사람들이 타향살이를 하면서 그리운 고향의 맛으로 찾는 것은 단연 몸국이다. 바닷가에서 채취한 모자반을 넣어 신선한 바다의 향과 구수한 육지의 맛을 동시에 느끼게 해준다. 몸은 모자반의 제주도 방언으로 돼지 특유의 누린내를 잡아주어 부담 없이 먹을 수 있다.

고사리해장국은 모자반 대신 돼지 육수에 돼지고기 살을 잘게 찢어 고사리와 함께 넣어 고사리가 풀어질 정도로 끓여낸 다음 고춧가루와 다진 파를 넣어 먹는 것이다. 고사리만의 향긋함이 입안에 가득 담기는 것이 특징이다. 우진해장국은 24시간 몸국과 고사리해장국을 맛볼 수 있는 곳이다. 제주의 지인들과 함께 밤이 깊어가는 줄도 모르고 술자리의 마지막을 장식하는 곳이기도 하다. 제주 시내에 자리해 교통도 편리하다.

   간단하게 만드는 국도 있지만 때에 따라 오랜 시간이 필요한 것이 국이다. 그래서 나에게 국은 어머니의 정성이 가득 담긴 음식이다. 뜨끈한 국을 한 수저 뜨면 어머니의 정성이 떠오르고 몸과 마음이 따뜻하게 데워진다.

Travel Tip

★ 돌하르방식당
- **주소** 제주특별자치도 제주시 일도2동 320-14
- **전화번호** 064-752-7580
- **홈페이지** 없음
- **주차공간** 식당 앞에 주차 가능
- **테이블 규모** 30석
- **곁들이면 좋은 서브메뉴** 고등어회, 해물탕
- **휴무일** 매주 일요일, 공휴일
- **영업시간** 10:00~15:00

|주변 볼거리| 사라봉, 국립제주박물관, 동문재래시장, 산천단, 관음사

★ 우진해장국
- **주소** 제주특별자치도 제주시 삼도2동 831
- **전화번호** 064-757-3393
- **홈페이지** 없음
- **주차공간** 식당 앞에 주차장 있음
- **테이블 규모** 30석
- **곁들이면 좋은 서브메뉴** 몸국, 고사리해장국
- **휴무일** 명절 연휴
- **영업시간** 24시간

|주변 볼거리| 용두암, 용연, 제주항교, 삼성혈, 제주목관아, 제주민속자연사박물관, 이호테우해변, 한라수목원

★ 화성식당
- **주소** 제주특별자치도 제주시 삼양2동
- **전화번호** 064-755-0285
- **홈페이지** 없음
- **주차공간** 10대 정도 가능
- **테이블 규모** 30석
- **곁들이면 좋은 서브메뉴** 멜국, 고등어국, 갈치국
- **휴무일** 연중무휴
- **영업시간** 07:00~21:00

|주변 볼거리| 제주민속박물관, 삼양 검은모래해변, 함덕 서우봉해변, 절물자연휴양림, 제주돌문화공원

국민 보양식의
세 가지 다른 맛

Menu 006

추어탕

용금옥 추어탕

새집추어탕 추어탕

큼직한 미꾸라지들

고향식당 추어탕

아기 미꾸라지가 밥투정을 하자, 엄마 미꾸라지가 한 대 쥐어박으며 말한다. "겨울 오기 전에 많이 먹어둬! 그리고 무엇보다 사람들이 쳐놓은 그물 조심하고." 살이 통통 올라 기름기가 좔좔 흐르는 아빠 미꾸라지도 한마디 거든다. "그래 엄마 말씀이 옳아. 허균이라는 사람이 쓴 『동의보감』에도 '우리가 성질이 따뜻하고 몸을 보하는 특성이 있으며 찬바람이 불기 시작하는 가을에 보양식으로 좋다'라고 되어 있어. 그러니 너도 항상 몸조심해."
때마침 사람들의 발자국소리가 들려온다. "모두 흩어져" 하고 큰소리를 친 아빠 미꾸라지는 그물을 피해 미끄러지듯 도망간다.

글★사진 임운석

모기도 처서가 지나면 입이 삐뚤어진다고 했다. 여름을 보내고 가을을 맞이할 무렵 서민들 밥상에 속을 든든히 채워줄 보양식이 한 그릇 올라온다. 보글보글 끓는 소리와 뚝배기 속에서 거품이 톡톡 터지며 넘칠 듯 말 듯 끓는 모습을 보니 음식은 입으로만 먹는 것이 아닌가 보다. 알싸한 산초가루를 솔솔 뿌리고 '후~' 하고 김을 불고 나서 크게 한입 먹으면 식도를 넘어 뱃속까지 뜨거운 기운이 들어간다. 보약 한 사발을 들이켠 것처럼 '캬~' 하고 뱃속에서부터 탄성이 밀려온다.

나는 추어탕을 그렇게 먹었다. 여름철부터 늦가을까지 집에는 항상 추어탕이 있었다. 그 맛을 잊지 못해 아직도 추어탕 하면 자다가도 벌떡 일어나 한 그릇 뚝딱 비우고 잘 판이다.

국민 보양식으로 자리매김한 추어탕은 지역에 따라 요리하는 방법도 다양하다. 대표적인 것이 전라도식과 경상도식, 그리고 서울식이다. 서울식 추어탕은 추탕이라 일컫는데, 미꾸라지를 갈지 않고 통째로 넣는 것이 특징이다. 육수 또한 다른 지역과 차별화되어 있다. 푹 고은 사골 국물에 유부, 버섯, 호박, 대파, 두부, 양파 등을 넣어 끓이는데 육개장과 그 재료가 비슷하다.

경상도식은 풋배추, 토란대, 부추 등을 넣고 맑게 끓인다. 그리고 경상도식에서 빠지면 서운한 것이 방아잎과 산초가루인데 알싸한 맛과 강한 향 때문에 한번 중독되면 헤어나오기 어렵다.

전라도식은 무시래기를 듬뿍 넣고 삶은 미꾸라지를 먹기 좋게 갈아서 넣는다. 된장으로 간을 하기 때문에 구수한 맛이 진하다. 들깨가루를 몇 숟가락 넣어 걸쭉하게 먹으면 더욱 좋다. 삶은 미꾸라지를 갈아서 끓인 전라도식 추어탕은 먹기 수월해 여성들이 즐겨 먹는다.

거물급 인사들이 인정한 서울식 추탕의 자존심, 용금옥

거미줄처럼 복잡한 서울특별시 중구 다동에 위치한 용금옥. 이곳은 점심시간이면 넥타이를 맨 직장인들과 연세 지긋한 어르신들이 중절모를 쓰고 삼삼오오 모여앉아 뜨거운 국물을 들이켠다. 퇴근 후 주당들의 시간, 술시가 되면 자리 없기는 매한가지다. 대부분이 단골이다.

사장에게 용금옥이 유명한 이유를 묻자 "저희 집은 80~90퍼센트가 단골이에요. 비싸나 싸나 항상 좋은 재료를 쓰니 맛이 다르죠. 미꾸라지를 갈지 않고 통째로 끓이는 추탕에는 수입산은 쓸 수가 없어요. 수입산은 국산보다 억세거든요."

용금옥 입구

1932년 창업자 홍기녀 씨가 문을 연 뒤 그 손맛을 지키며 3대째 가업을 이어가고 있는 며느리의 추탕에 대한 고집과 사랑은 창업주를 능가해 보였다.

이곳을 사랑방처럼 드나들던 거물급 인사로는 정지용, 구상, 박종화, 조병옥 박사, 김덕룡, 강신옥 등이다. 대부분이 유명 정치인들과 문인들, 언론인들이다. 종로에서 글 좀 쓴다는 기자치고 용금옥을 모르면 사이비 기자 아니냐며 의심받을 정도였다니 그 유명세를 짐작할 수 있을 것 같다.

80년의 세월이 흘렀지만 주문은 간단하다. '미꾸라지를 통으로 할 것이냐', '갈 것이냐'만 정하면 된다. 추탕의 기본이 통째로 넣어 끓인 것이니 고민 없이 '통'을

먹음직스러운 용금옥 추탕 상차림

선택한다.

밑반찬으로 도라지무침, 숙주나물, 겉절이 등이 나온다. 기본 찬은 계절에 따라 바뀔 수 있단다. 마늘절편절임과 통산초절임, 새우젓갈은 기본으로 나오는데 그 맛이 깔끔하다.

이어 보글보글 끓는 추탕이 모습을 드러낸다. 식탁 위에 붉은 국물을 보글거리며 자리를 잡은 모습이 영락없이 육개장이다. 식재료들 역시 남도식과는 확연히 다르다. 보고만 있어도 배가 부르다. 서울 추탕의 본맛을 보기 위해 산초가루나 들깨가루를 뿌리지 않고 맛을 본다. 얼큰하고 진한 맛이 보양식을 먹는 기분이다. 특히 국물 맛이 깊게 스며든 호박과 유부가 맛있다.

손가락 크기의 추어를 한 마리 건져 한입에 물고 씹어본다. 등뼈가 혹시 억세지 않을까 내심 걱정했지만 전혀 그렇지 않다. 자근자근 오래 씹을수록 고소한 맛이 난다. 처음 추탕을 먹는 사람들은 징그러워서 어떻게 먹느냐고 하겠지만, 그럼 생선 한 마리가 통째로 들어가는 조기매운탕은 어찌 먹을 것인가. 선입견을 버리고 가급적 통째로 먹는 추탕을 선택해보자.

본격적으로 밥을 몇 숟갈 말아 먹어본다. 국물이 진하기 때문에 밥 한 공기를 모두 말아버리면 국물이 탁해질 수 있다. 맛있게 먹는 요령은 공깃밥 삼분의 일을 말아가며 먹는 것이다. 이어 국수를 말아먹으면 추탕의 모든 맛이 종결된다.

여름에는 땀을 쫘악 흘리며 든든한 기분으로 한 그릇을 비울 것이고, 가을이면 한여름 잘 이겨온 내 몸에 감사하며 그리고 다가올 추위를 이겨내 달라며 비울 것이다. 한 가지 음식으로 80년의 세월 동안 단골을 유지할 수 있는 비밀은 변함없는 창업주의 손맛 때문이 아닐까.

구수한 맛이 일품인 남원추어탕의 본가, 새집추어탕

평소 추어탕을 즐기는 나는 어디서나 쉽게 찾을 수 있는 '남원추어탕'이라는 간판에 살짝 싫증을 느끼고 있었다. 들깨가루를 잔뜩 넣고 먹는 맛이 특별한 감동이 없었기 때문이다. 추어탕의 본맛보다는 들깨가루를 먹는 기분이랄까.

남원 광한루 인근에 추어탕 거리가 조정되어 있는데 그중 새집추어탕의 맛은 달랐다. 기존에 내가 먹은 것이 짝퉁 남원추어탕이었다면 새집추어탕은 오리지널이 분명하다. 들깨가루 때문에 구수한 것이 아니라 미꾸라지와 시래기에서 우러난 맛이 깔끔했다. 연신 땀을 닦아내며 금광을 찾은 광부처럼 허겁지겁 뚝배기에 코를 처박고 한 그릇을 뚝딱 비워냈다.

새집추어탕 한 상과 조리 중인 2대 사장

    구수한 맛의 첫 번째 비결은 바로 미꾸리다. "미꾸리와 미꾸라지는 달라요. 우리 식당은 미꾸리를 사용한답니다." 미꾸리는 몸이 가늘고 미꾸라지에 비해 동글동글하게 생긴 것이 특징이란다. 뼈가 억세지 않고 부드러우며 구수한 맛이 강해서 추어탕이나 숙회를 하면 더욱 맛있다는 것이 사장의 말이다. 최근 남원시에서 토종 미꾸리 양식에 성공했다니 미꾸리 추어탕을 좀 더 손쉽게 맛볼 수 있을 것 같다.

    두 번째 이유는 지리산에서 자란 고랭지 시래기를 사용하기 때문이란다. 그 식감이 전혀 질기지 않고 부드러우며 구수하다.

    세 번째 이유는 물맛이다. 남원에는 환경을 오염시킬 큰 공장이 없고 지리산의 청정수가 흐르고 있다. 마지막 이유는 좋은 물로 직접 만든 간장, 고추장, 된장이다. 손쉽게 공장에서 만든 것을 사용할 수도 있지만 그렇게 하면 손님이 바로 그

할머니의 손맛이 가득한 고향식당 추어탕

맛을 알아본다고 한다.

  1959년에 개업한 이래 단 하루도 쉬지 않았다는 새집추어탕. 술 취한 손님이 술을 더 요구하면 '밥집에서 왜 술타령이냐'며 큰소리로 나무랄 정도로 창업주 서삼례 할머니는 자부심이 대단했다고 전한다. 2대 사장 서정심 씨는 창업주의 조카다. 14년 동안 주방에서 추어탕을 끓일 정도로 열심이었고 타고난 손맛으로 50년 전의 맛을 이어가고 있다.

  추어탕을 기본으로 추어숙회는 술안주로, 추어튀김은 아이들에게 좋겠다.

개운한 맛은 경상도식 추어탕이 최고, 고향식당

  아침 7시, 식당 문을 열고 좁은 가게에 들어선다. 테이블은 고작 일곱 개. 전형적인 시골 식당이다. "아주머니, 여기 추어탕국수 하나, 추어탕 하나 주세요" 하고 외치니, 주방에서 굵직한 할머니의 목소리가 "예, 잠깐만 기다리소" 한다. 이어 주인 할머니께서 큰 쟁반에 밑반찬을 담아 내어오신다. 고추장아찌, 총각김치, 배추김치 그리고 흰색 접시에 경상도식 추어탕의 절대적인 맛을 책임질 산초가루까지. 간결한 밑반찬을 들여다보다 김치 한 점을 먹어본다. 적당히 시큼한 김치는 식욕을 일순간에 돋워 준다. 상큼한 신맛에 자극 받은 침샘은 어금니 저편에서부터 맑은 침을 분비하기 시작한다. '꾸울꺽'하며 침을 삼킨다. 물 한 모금으로 입을 헹궈내고 총각김치를 먹어본다. '사각' 하는 소리와 함께 베어 먹은 총각김치는 배추김치의 맛을 능가한다. 반찬으로는 충분히 만족했다.

드디어 주문한 추어탕이 나온다. 하나는 추어탕 속에 국수가 살며시 숨어 있고, 또 다른 하나는 추어탕만 나왔다. 산초가루를 듬뿍 뿌려 국수를 말아 한입 가득 먹어본다. 알싸한 산초향과 부드러운 국수 면발이 살짝 데친 얼갈이배추와 함께 어우러져 최고의 앙상블을 이룬다.

부추와 방아잎, 토란대는 조연으로서 역할을 충분히 하고 있다. 뜨거운 김을 불어내고 이번에는 밥을 말아 먹는다. 들깨가루가 들어가지 않아 걸쭉하지 않고 경상도식 특유의 깔끔한 맛이 일품이다. 국물이 탁하지 않아 해장국으로도 손색이 없겠다. 기호에 따라 청양고추와 다진 마늘을 넣어 먹으면 풍미가 더욱 깊어진다.

가게 이름이 왜 고향식당인지 알 것 같다. 소박하지만 어머니의 손맛이 가득한 곳이다. 여러 지방에서 추어탕을 먹어봤지만 개운한 맛의 으뜸은 역시 경상도식이다.

Travel Tip

★ 용금옥
- 주소 서울특별시 중구 다동 165-1
- 전화번호 02-777-1689
- 홈페이지 없음
- 주차공간 없음
- 테이블 규모 60석
- 곁들이면 좋은 서브메뉴 미꾸라지부침, 미꾸라지볶음
- 휴무일 둘째, 넷째주 일요일
- 영업시간 11:00~22:00

|주변 볼거리| 경복궁, 창경궁, 덕수궁, 경희궁, 종묘, 청계천, 남산골한옥마을

★ 새집추어탕
- 주소 전라북도 남원시 천거동 160-206
- 전화번호 063-625-2443
- 홈페이지 없음
- 주차공간 20여 대 가능
- 테이블 규모 300석
- 곁들이면 좋은 서브메뉴 추어숙회, 미꾸라지튀김
- 휴무일 연중무휴
- 영업시간 08:30~22:00

|주변 볼거리| 광한루원, 남원향토박물관, 남원항공우주천문대, 춘향테마파크

★ 고향식당
- 주소 경상남도 창녕군 창녕읍 교리 1034-5
- 전화번호 055-533-0410
- 홈페이지 없음
- 주차공간 없음
- 테이블 규모 25석
- 곁들이면 좋은 서브메뉴 추어탕국수, 돼지김치찌개, 매운탕
- 휴무일 연중무휴
- 영업시간 06:30~17:00

|주변 볼거리| 화왕산의 억새밭과 우포늪, 창녕교동고분군, 창녕향교, 술정리서삼층석탑

국수 ★ 이종원

막국수 ★ 윤규식

짬뽕 ★ 강석균

냉면 ★ 박동식

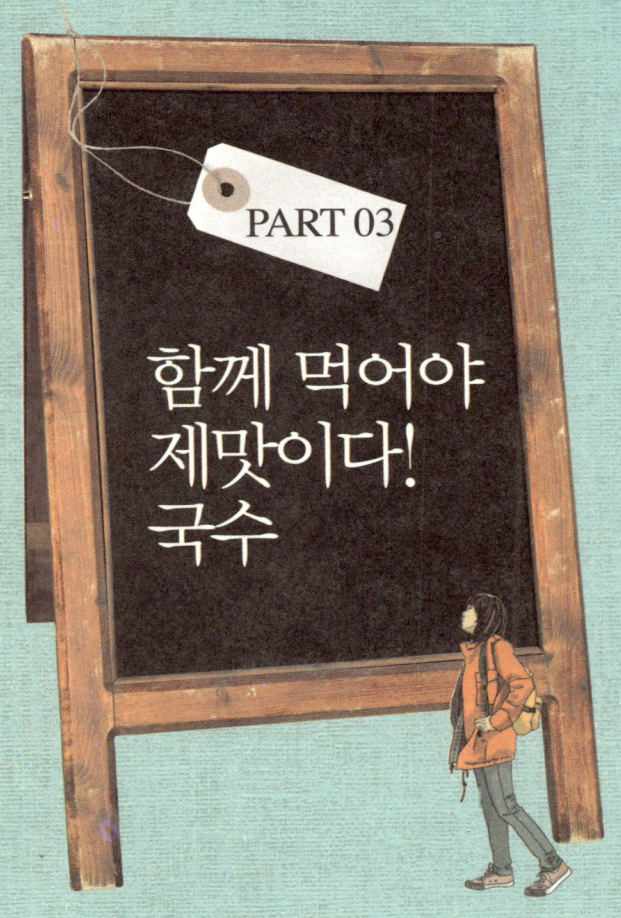

한국의 누들로드,
이색 국수집을 찾아서

Menu 007

국수

신일식당 꿀두국수

포항회국수

제주도 고기국수와 감귤김치

춘자국수의 멸치국수

한국전쟁은 국수의 대중화를 이끌었다. 대량으로 밀가루를 원조 받았기에 국수는 밥만큼이나 친숙한 음식이 되었다. 시장 후미진 곳에는 언제나 털털거리는 국수공장이 있었고 우리집 마당에는 하얀 국수가 볕을 쬐고 있었다. 우리 다섯 식구의 허기를 달래주었으니 국수야말로 생명줄이었다. 밀가루와 콩가루의 비율, 삶는 물의 온도, 국수 넣는 시간, 헹구는 정도에 따라 면발이 다르며 고명의 종류, 육수에 따라 천의 얼굴을 가진 것이 한국의 국수다.

이런 국수는 혼자 먹으면 제맛이 나지 않는다. 동네 사람들 불러 한 솥 가득 삶아 잔치 기분으로 먹어야 제맛이 난다. 홍두깨로 밀고 칼로 싹둑 잘라낸 손칼국수, 물로 잘 씻어 금방 건져 올린 건진국수 등 국수야말로 어머니의 손맛이 살아 있는 음식이다.

글★사진 이종원

'금년에 국수 먹는 거지?' 평생가약을 맺으려면 전생에서 7,000번을 다시 태어나야 한다고 하는데 그 신성한 결혼식에 내놓는 음식이 국수라는 것이 무척 흥미롭다. 긴 면발은 오랜 행복을 기원한다고 하는데 하얀 면발은 백년해로를 약속한 노부부의 머리칼을 상징하지 않을까 싶다. 만약 신선로, 갈비가 결혼식의 주 음식이었다면 축하하러 가기가 분명 부담스러웠을 것이다.

국수야말로 서민의 음식이어서 거추장스런 옷을 입고 격식 따져가며 먹을 필요가 없다. 그저 젓가락 하나만 있으면 손쉽게 끼니를 해결할 수 있기 때문이다. 늘어지게 낮잠을 자다가 일어나 국수로 허전함을 달랬고, 들녘에 나가 김을 매다가 새참으로 국수를 말아 먹었다.

고창 서정주생가에 가면 「마당」이란 시가 걸려 있다.

'해가 지면 이 마당에 멍석을 펴고 온식구가 모여앉아 칼국수를 먹었네. 먹고선 거기 누워 하늘의 별 보았네.'

가난한 가족을 한데 묶는 매개체로 칼국수가 등장했고 든든한 배를 두드리며 미래를 꿈꾸게 된다는 의미다.

국수야말로 온도의 높낮이를 제대로 살린 음식이다. 뜨거운 물에 국수를 삶아내고 찬물에 헹궈 건져 진한 육수에 말아먹는다. 계절과 지역에 따라 고명과 국물은 다르며 이는 다양한 국수의 얼굴을 만들어낸다. 멸치만으로 바다 향이 부족하면 갯벌을 긁어 바지락을 꺼내 냄비에 넣었고, 돼지고기 삶은 국물 역시 하나도 버리지 않고 잔치국수의 육수로 사용했고 콩국물에 소금 하나로 간을 해 국수를 말면 여름은 저만치 도망간다.

푸짐하고 가격마저 착해 서민의 마음을 훔치는 이색 국수 별미집 몇 곳을 소개한다.

누가 꼴도 보기 싫다고 했던가? 신일식당 꼴두국수

식당은 시간이 멈춘 듯 허름한 골목 안쪽 깊숙한 곳에 자리하고 있다. 그래서 유년 시절 고향을 찾은 기분이다. 삐거덕거리는 식당 문을 열어젖히면 홀은 테이블 3개, 12명이 간신히 앉을 자리다. 식자재도 의자 위에 놓여 있고 손때 묻은 공중전화가 여태 걸려 있으니 깔끔한 성격을 가진 사람은 그냥 되돌아 나올지도 모른다. 얼마 전 주인은 식당을 세련되게 꾸미려고 큼직한 꽃그림 벽지로 도배했지만 촌스런 볼거리만 더할 뿐이다.

꼴두국수와 메밀부침

솔직히 난 이런 인테리어가 맘에 든다. 토속음식을 접하기 전 식욕을 돋우는 애피타이저이기 때문이다. 국수는 홀에 자리 잡는 것보다 쾌쾌한 방에 엉덩이를 붙이고 머슴처럼 먹어야 제맛이다.

개그우먼 김신영을 빼닮은 사장님은 후덕한 표정만큼이나 친절하고 정이 넘친다. 벽에 붙은 메뉴판에는 5,000원을 넘는 음식이 없다. 서민들의 한 끼 식사로 손꼽는 이유가 여기에 있다. 이 집의 메인 메뉴는 4,500원짜리 꼴두국수. 끼니를 제대로 챙기지 못했던 시절, 메밀을 이용한 국수를 하도 먹었더니 꼴도 보기 싫다고 해서 붙여진 이름이다.

김이 모락모락 나는 꼴두국수는 고추장을 푼 메밀칼국수로 보면 된다. 메주를 푼 정선의 콧등치기국수가 텁텁하고 담백하다면 꼴두국수는 칼칼하면서도 개운

▲ 주천묵집의 도토리묵밥과 술익는 마을 입구 그리고 황둔찐빵   ▼ 올록볼록 모양의 요선정 바위와 법흥사 금강송림

하다. 거기다 호박을 숭숭 썰어넣고 감자, 깨소금, 김가루를 뿌려 화려함을 더했다. 국물 맛이 개운한 이유는 듬뿍 올린 다진 마늘 때문이다. 젓가락으로 휘저으니 기다란 두부가 걸린다. 콩의 담백한 맛이 메밀과 어우러져 눈과 입이 즐거워진다. 거친 면발은 강원도 사람의 성격을 닮았는지 뚝뚝 끊어진다. 반찬으로 나온 콩나물도 즉석에서 무쳐주기 때문에 고소하다. 젓갈 하나 들어가지 않는 김치는 개운하다 못해 짜릿하다.

메밀부침은 이 집의 비밀병기다. 메밀에 묵은지를 깔고 정성스레 부쳐내는데 순도 100퍼센트 메밀임을 말해주듯 구멍이 숭숭 뚫렸다. 얇게 부치는 것이 관건인데 재빨리 뒤집지 않으면 시커멓게 타버리기 때문이다. 밀가루와 달리 위에 부담이 없기에 아무리 먹어도 배가 부르지 않아 건강식으로 제격이다. 세 장에 2,000원. 원래는 한 장에 500원이었는데 단골손님들이 먼저 가격 인상을 요청해 메밀부침 두께만큼만 올렸다.

한반도지형을 볼 수 있는 선암마을

　이름부터 유별나고 투박한 꼴두국수에는 강원도의 원초적인 맛이 스며 있다. 주천 읍내는 다하누촌이 조성되어 대다수의 식당이 한우식당으로 바뀌었다. 그 틈바구니 속에서 꼴두국수 하나로 외롭게 버티고 있는 신일식당에 박수를 보낸다. 황둔쩐빵마을(쩐빵), 선암마을, 주천묵집(묵밥), 호랑이묘, 법흥사, 요선정, 신일식당(꼴두국수) 코스로 일정을 잡으면 주천 식도락 기행이 된다.

입맛 없을 때 찾아가는 여름철 보양식, 포항회국수

　동해 일출과 함께 한국 경제의 힘찬 맥박이 살아 있는 포항은 예로부터 바다를 끼고 있어 먹을거리가 풍성한 고장이다. 한겨울에 바다 별미 과메기와 살이 꽉 찬 대게가 있다면, 한여름에는 가슴마저 시원한 포항물회와 회국수가 있어 스트레스

포항 호미곶 상생의 손

로 지친 현대인들의 입맛을 되찾아준다. 포항물회는 고기를 잡느라 바쁜 어부들이 재빨리 한 끼 식사를 때울 요량으로 방금 잡은 물고기를 회쳐서 고추장 양념과 물을 넣고 비벼 훌훌 들이마셨던 데서 유래된 음식으로 시원하고 담백한 맛이 그만이다.

한여름 물회가 포항을 대표한다면 회국수는 포항의 별미로 보면 된다. 감칠맛 나는 회와 쫄깃한 국수를 동시에 맛볼 수 있는 회국수는 호미곶 근처 대동배마을이 원조다. 영일만의 끝부분인 호미곶 앞바다는 한류와 난류가 교차하는 해역으로 물고기가 많이 잡힌다. 그날그날 잡히는 횟감이 대동배마을 회국수 맛의 비결이다. 자연산 회 한 접시, 참기름을 바른 국수, 매콤한 초장, 육수가 따로 나온다. 거기다 해초류, 새우, 젓갈까지 국수라기보다는 근사한 정식에 가깝다.

달콤함과 새콤함의 오묘한 결합이랄까. 국수를 비벼내는 초고추장은 식당마다 나름대로 비법을 가지고 있다. 채소와 한데 섞어 슥슥 비벼 입에 넣으면 혀에 착착 감긴다. 부드러운 면발과 매콤하면서 달짝지근한 맛은 한여름 보양식으로 최고다.

회국수의 재료는 가자미, 광어, 도다리, 노래미 등 흰살생선을 주로 사용한다. 아이들이 좋아하는 오징어와 한치도 회국수의 재료가 된다. 식사를 마친 후 항아리처럼 아늑한 대동배항을 산책하며 바다 향을 맡아보는 재미도 쏠쏠하다.

제주도에서 맛보는 고기국수의 정석, 청정지역국수집과 춘자국수

제주야말로 국수 천국이다. 아무래도 쌀농사하기가 힘들어 보리나 밀에 대한 음식이 발달하지 않았나 싶다. 1인당 국수 소비량은 전국 최고다. 밀면, 멸치국수, 고기국수는 물론 순대국수까지 만날 수 있으니 제주도민의 국수 사랑은 뜨겁다. 요리도 간단하다. 돼지고기 국물에 고기 몇 점 올려놓았는데 느끼하지 않다. 기름기가 둥둥 떠 있을 것 같은 돼지국물이 오히려 사골국을 대하듯 푸짐하고 고소하다.

표선에는 내세울 만한 국수집이 두 곳 있다. 청정지역국수집은 허름하고 좁아 찾기가 쉽지 않다. 하얀색 칠판에 메뉴를 마커로 쓴 글씨에 정이 뚝뚝 묻어 있다. 고기국수 4,000원, 멸치국수 3,000원으로 가격도 저렴하다. 제주의 고기국수보다 덜 느끼한 이유는 등뼈에 붙은 고기 살을 일일이 발라내 고명을 얹었기 때문이다. 육질은 부드러워 입에서 살살 녹는다. 거기다 새콤달콤한 김치 맛이 별미인데 맛이 특이해 비결을 물었더니 김치에 밀감을 넣는다고 한다. 고기국수의 뒷맛이 깔끔한 이유가 바로 여기에 있었다.

춘자국수는 표선의 대표 식당으로 올레꾼들의 입소문을 통해 일명 '춘자싸롱'으로 명성을 얻은 집이다. 저녁 7시면 문을 닫아 순전히 2,500원짜리 국수 때문에 표

◀ 혀에 착착 감기는 면발과 매콤달콤한 맛을 자랑하는 포항회국수, 고기국수와 감귤김치 ▲ 시원하고 담백한 맛이 일품인 포항물회
▶ 여름철 보양식 포항회국수와 오름지기국수

  선을 두 번이나 찾았지만 후회는 없다. 양은냄비에 담긴 멸치국수에는 고춧가루, 통깨, 잔파가 얹혀 있으며 면발이 두꺼운 것이 특징이다. 쫄깃한 면발도 일품이지만 아무래도 추자도산 멸치로 우려낸 국물 맛이 진하다.
  오름지기국수(064-782-9375, 제주특별자치도 제주시 조천읍 선흘리 475-82)는 거문오름을 끼고 있는 선흘리에서 맛볼 수 있다. 아침 9시부터 시작되는 거문오름 탐방을 마치고 이 집에서 점심을 먹으면 일정 잡기가 수월해진다. 제주 전통의 돔베고기를 곁들여도 궁합이 맞는다. 삶은 고기를 적당히 썰어 돔베(도마)에 그대로 올린 뜨거운 고기로 보쌈과 비슷하다.

Travel Tip

★ 신일식당
- **주소** 강원도 영월군 주천면 주천리 1225-7
- **전화번호** 033-372-7743   • **홈페이지** 없음
- **주차공간** 집 앞에 주차   • **테이블 규모** 30석 정도
- **곁들이면 좋은 서브메뉴** 메밀부침, 메밀묵
- **휴무일** 연중무휴   • **영업시간** 06:00~21:00

★ 주천묵집
- **주소** 강원도 영월군 주천면 신일리 215
- **전화번호** 033-372-3800
- **주차공간** 집 앞 승용차 10대 주차 가능
- **테이블 규모** 100석
- **곁들이면 좋은 서브메뉴** 메밀묵밥, 감자옹심이
- **휴무일** 연중무휴   • **영업시간** 08:00~21:00
- |주변 볼거리| 선암마을, 호랑이굴, 요선정, 금강송림

★ 어부회집
- **주소** 경상북도 포항시 남구 대보면 대동배 1리 387-1
- **전화번호** 054-284-5237   • **홈페이지** 없음
- **주차공간** 승용차 5대 정도 가능
- **테이블 규모** 50석
- **곁들이면 좋은 서브메뉴** 계절별 회, 계절별 탕류 다수 있음
- **휴무일** 연중무휴   • **영업시간** 07:00~21:00
- |주변 볼거리| 호미곶 해맞이광장, 상생의 손, 연오랑세오녀상, 구룡포항

★ 청정지역국수집
- **주소** 제주특별자치도 서귀포시 표선면 표선리 630-1
- **전화번호** 010-7276-3125   • **홈페이지** 없음
- **주차공간** 길가에 세워야 함   • **테이블 규모** 20석
- **곁들이면 좋은 서브메뉴** 멸치국수
- **휴무일** 연중무휴   • **영업시간** 09:00~22:00

★ 춘자국수
- **주소** 제주특별자치도 서귀포시 표선면 표선리 598-3
- **전화번호** 064-787-3124   • **홈페이지** 없음
- **주차공간** 길가에 세워야 함   • **테이블 규모** 30석
- **곁들이면 좋은 서브메뉴** 콩국수   • **휴무일** 연중무휴
- **영업시간** 07:30~19:00
- |주변 볼거리| 혼인지, 성읍민속마을, 표선해수욕장, 제주민속박물관, 큰엉해안경승지, 신영영화박물관

시원한 육수 한 모금에
투박한 질감을 씹는다

Menu 008

|

막국수

샘밭막국수 막국수 한 젓가락

고향막국수의 막국수와 수육

순메밀막국수

홍원막국수 비빔국수

아무 곳에서나 잘 자라는 메밀은 특별히 신경 써 관리하지 않아도 쉽게 얻을 수 있던 곡식이다. 특히 첩첩산중 강원도 땅, 그것도 뼛속까지 시린 겨울철 메밀막국수는 요긴한 식량이었다. 이제 세월도 많이 변해 예전의 배고픔은 잊은 지 오래다. 허기를 달래던 막국수는 어느덧 여행 중 찾는 별미로 변했다.

동치미 국물에 대충 말아먹던 막국수는 지역마다 다양한 맛으로 진화해 그 맛을 찾아 다니는 재미가 쏠쏠하다. 메밀 특유의 투박한 질감을 씹으며 시원하게 육수 한 모금 들이켜면 행복이 다른 게 아니라는 생각이다. 그런 나에게 강원도 가는 길은 막국수 먹으러 가는 길이다.

글★사진 윤규식

B.C 8세기경 중국으로부터 전파된 것으로 전해지는 메밀은 질긴 생명력과 짧은 생육 기간을 자랑한다. 2~3개월이면 다 자라는 메밀은 '씨만 뿌리면 끝'이라고 해도 과언이 아니다. 알아서 잘 자라기 때문이다. 그래서 항상 먹을 것이 부족했던 민초들의 굶주린 배를 채워주던 고마운 작물이었다.

나는 워낙 어릴 적부터 국수를 좋아했던 탓에 면 종류면 어떤 음식이든 마다하지 않았다. 막국수도 예외가 아니다. 그런데 20대 후반에 겪었던 한 사건이 막국수의 참맛을 알게 했다. 당시 친구와 둘이서 며칠 동안 취재를 겸해 강원도로 여행을 떠났다. 속초와 주문진 일대를 돌고 진고개를 넘어 평창 쪽으로 가는 여정이었다. 날은 뜨거웠고, 점심 때는 지났는데 딱히 먹을 만한 음식도, 주변에 변변한 식당도 보이지 않았다.

허기가 극에 달할 무렵, 저만치 허름한 기와집에 '막국수'라는 빨간 깃발이 보였다. 중년의 아주머니가 무덤덤하게 손님을 맞았고, 우리는 앞뒤 생각할 것 없이 막국수를 주문했다. 이윽고 식탁에 나온 국수에 젓가락을 대려던 순간, 주인아주머니가 먹는 법을 알려주신다.

육수는 기호에 맞게 적당한 양을 붓고, 설탕을 조금 뿌리고 겨자와 식초를 넣어 비벼준다. 갈증이 심했던 터라 육수를 가득 부었다. 아주머니는 그에 맞게 설탕과 겨자, 식초를 조금 더 넣어준다. 면발 사이에 섞인 김가루와 오이채를 후후 불며 육수 한 모금 마시고, 투박한 면발을 한 젓가락 듬뿍 집어 입에 넣었다. 차가운 육수의 냉기가 목 줄기를 타고 들어간다. 굵직한 면발의 질감이 어금니를 통해 고스란히 머리로 전달된다. 코끝에는 참기름 섞인 양념장의 고소한 냄새가 메밀 향과 뒤섞여 정신까지 몽롱하다.

어떻게 먹었는지 모르게 한 그릇을 비워버렸다. 그리고 가슴속 깊은 곳에서 솟구치는 행복감. 10여 년이 지난 지금도 그날의 맛이 생생한 걸 보면 분명 '사건'임에 틀림없다.

밥처럼 먹을 수 있는 맛을 추구하는 샘밭막국수

밥처럼 질리지 않고 먹을 수 있는 샘밭막국수 막국수

그 일 이후 일부러 소문난 맛집을 찾아 처음 가본 곳이 춘천의 샘밭막국수다. 주전자에 담긴 육수를 기호에 맞게 접시에 부어 물국수나 비빔국수로 만들어 먹을 수 있는 점이 예전 그 집과 같아서 좋았다. 양념도 입맛에 맞아 곧바로 단골이 됐다. 그 뒤로 10년 넘게 춘천에 가면 이 집을 찾는다.

세월이 지나는 동안 외형도 많이 변했다. 소양댐 가는 길에 있는 허름한 집이었으나 지금은 은은한 조명이 인상적인 고즈넉한 식당으로 변모했다. 한 가지 변하지 않은 건 여전히 식당 안은 꽉 찬 사람들로 발 디딜 틈 없다는 점이다. 그래서 대를 이어 샘밭막국수를 지키고 있는 조성종 대표를 만나 맛의 비결을 들었다.

조 대표는 첫 인사를 건네자마자 대뜸 "국수로 밥을 만들겠다"고 한다. 맛도 중요하지만 매일 먹는 밥처럼 자연스럽게 먹을 수 있는 막국수를 만들겠다는 것이다. 조 대표는 밥처럼 먹기 위해서는 일단 자극이 없어야 한다고 말한다. 그래서 그는 숙성을 생각했고, 전 종류를 제외한 양념장이나 면, 편육, 두부 등 모든 음식을 며칠간 숙성시켜 손님상에 내놓는다. 쉽게 질리지 않고 오래도록 사랑받는 막국수를 연구한 끝에 내린 결론인 것이다. 담백함과 뒷맛이 개운했던 이유가 여기에 있었다.

▲ 주방에서 일하고 있는 조성종 대표　▶ 고즈넉한 샘밭막국수 현관과 내부

　　아울러 조 대표는 가장 중요한 면에 전분을 쓰지 않는다. 전분은 일종의 코팅제 역할을 해 막국수 양념이 제대로 면에 스며들지 못하기 때문이란다. 껍질을 까서 빻은 메밀가루에 쌀가루를 조금 섞을 뿐이다. 그렇게 해서 뽑은 면발은 잇몸으로 씹어도 끊어질 정도의 점도를 유지한다. 조 대표는 이렇게 만들기 위해서는 면발의 굵기나 삶은 물의 온도 등 다양한 테크닉이 필요하다고 전한다.

　　샘밭막국수는 먹고사는 것이 힘들었던 시절, 막국수 장사를 하면 끼니라도 거르지 않을 것 같아 조 대표의 어머니 최승희 여사가 처음 시작했다. 자그마치 40년 전 일이다. 긴 세월이 흐른 지금, 샘밭막국수는 춘천 막국수의 대명사가 됐다.

온통 소금을 뿌려놓은 듯 하얗게 꽃이 핀 이효석생가 주변 메밀밭

순도 100퍼센트 메밀 맛을 느낄 수 있는 고향막국수

이효석생가 주변 메밀밭이 '온통 소금을 뿌려놓은 듯' 하얗던 어느 날 고향막국수를 찾았다. 흙벽돌로 지은 식당 지붕에 항아리로 간판을 삼은 외관이 인상적이다. 사실 이 집은 단골집이 아니다. 봉평에서 나고 자라 지금까지 살고 계시는 사촌 매형의 귀띔으로 알게 된 집이다. 맛은 물론이고, 국산 메밀만 사용해 믿을 수 있는 막국수집이라는 말에 더 생각할 것 없이 곧바로 찾았다.

주문을 위해 메뉴판을 보니 색다른 이름이 보인다. 순메밀막국수다. 사장님을 불

하얗게 물든 메밀밭

▲ 고향막국수 순메밀막국수와 정겨운 식당 내부 ▼ 막국수와 곁들여 빼놓을 수 없는 음식, 막걸리와 수육

러 일반 막국수와 차이점을 물었다. 그리고 일단 주문부터 했다. 잠시 자리에 앉은 전수원 사장은 "국산 메밀 100퍼센트로 만든 막국수"라고 설명한다. 일반적으로 막국수에는 점도를 높이기 위해 밀가루나 전분 등 부재료가 사용되는데 순메밀막국수에는 다른 재료가 전혀 들어가지 않는다는 것이다. 때문에 면발이 질기지 않고 특유의 구수한 메밀 향을 온전히 느낄 수 있다.

전 사장은 "메밀은 밀가루가 없으면 반죽이 안 된다고들 하는데 이는 메밀껍질 채 갈기 때문"이라고 한다. 통 메밀의 껍질을 벗기면 하얀 속살이 나오는데 이것을 빻아 가루로 반죽을 하면 국수로 만들 수 있다고 한다. 고향막국수의 순메밀막국수는 이런 과정을 거쳐 만들어진다. 전 사장은 "순메밀막국수를 맛보면 일반 막국수는 못 먹을 것"이라고 장담했다.

이윽고 그 막국수가 나왔다. 국수 위에 빨간 양념장이 얹혀 있고, 그 위로 메밀순이 나란히 앉았다. 전수원 사장은 순메밀막국수에 굳이 설탕을 뿌릴 필요가 없다고 말한다. 양념장에 기본적으로 단맛이 나도록 했기 때문에 그냥 비벼서 먹으면 된다고 했다. 겨자와 식초는 물막국수를 먹을 때 조금만 넣으면 된다.

비빔국수는 새콤하면서도 달콤하다. 달달하지만 뒷맛은 깔끔하다. 면과 함께 씹히는 것이 있어 물어보니 황태포라고 한다. 물막국수는 육수가 일품이다. 고기 대신 과일과 채소만으로 육수를 만들었다고 하는데 시원하면서도 개운하다. 막국수에 곁들여 돼지고기 수육과 봉평 메밀막걸리 한잔 걸치니 뱃속은 든든하고, 세상은 한없이 평화롭다. 봉평은 워낙 메밀꽃이 유명한 곳이라 올 때마다 막국수집을 달리 찾곤 했다. 바꿔 말하면 맛에 확실히 반한 단골집을 찾지 못했다는 뜻이기도 하다. 하지만 이제 사정이 달라졌다. 식당 문을 나서며 내 여행수첩 단골집 명단에 고향막국수를 추가했다.

화려한 고명을 자랑하는 홍원막국수

강원도로 가는 길목에 있는 홍원막국수는 아내와 함께 한 기억이 많은 곳이다. 원주로 출장 갈 일이 잦은 아내는 가끔 내게 운전기사가 돼 달라고 청했다. 그러면 못 이기는 척 승낙하고 바람도 쐴 겸 차를 몰고 다녀왔다. 그리고 일을 마치고 귀가할 때면, 일부러 42번 국도를 타고 오다 양평 쪽으로 빠져 이 집을 찾곤 했다. 지금껏 쑥스러워 말은 못했지만 오붓하게 둘이 앉아 먹었던 막국수는 어떤 음식보다 행복한 요리였다.

홍원막국수는 일제 강점기 이 일대가 나루터였을 때부터 장사를 시작했다고 한다.

▲ 다양한 재료가 들어간 비빔막국수　▼ 홍원막국수 전경과 육수 주전자

　물론 그때는 막국수만 한 것이 아니라 메밀묵과 돼지갈비 등 다른 메뉴도 있었다. 특히 갈비가 꽤 유명했는데 세월이 흐르며 막국수로 단일화했다고 한다.

　홍원막국수는 강원도와 접경 지대에 있기 때문에 기본은 강원도식을 따르지만 육수와 고명 등 내용물에는 조금 차이가 있다. 우선 육수는 동치미 국물에 양지 삶은 물을 섞는다. 동치미의 강렬한 맛에 고깃국물의 걸쭉한 맛을 더해 각각의 장점을 살리려 한 것이다. 비빔막국수에는 김, 파래, 오이채, 배 등 다양한 재료들이 올라간다. 아무래도 예전 고깃집을 했던 탓에 맛의 변화가 생긴 듯하다.

　어쨌든 분명 강원도에서 맛보던 막국수와는 또 다르다. 흡사 냉면 같기도 하다. 물국수에는 편육도 들어 있고, 뜨거운 육수에는 고기 맛도 물씬 풍긴다. 하지만 그것이 바로 홍원막국수만의 맛이자 매력이다.

　주로 아내와 다닌 길이라 그럴까? 막국수집을 나와 서울로 가는 강변길이 꽤나 로맨틱하다.

Travel Tip

★ 샘밭막국수
- 주소 강원도 춘천시 신북읍 천전리 118-23
- 전화번호 033-242-1702
- 홈페이지 없음
- 주차공간 50대 가능
- 테이블 규모 170석 정도
- 곁들이면 좋은 서브메뉴 모두부, 수육, 막걸리
- 휴무일 연중무휴
- 영업시간 09:30~21:00

|주변 볼거리| 소양댐, 청평사, 강원도립화목원, 공지천 유원지, 중도관광지, 의암호, 삼악산, 제이드가든

★ 고향막국수
- 주소 강원도 평창군 봉평면 창동리 효석문화마을
- 전화번호 033-336-1211
- 홈페이지 www.ghmks.kr
- 주차공간 15대 정도 가능
- 테이블 규모 23석 정도
- 곁들이면 좋은 서브메뉴 메밀전병, 돼지고기 수육, 메밀막걸리
- 휴무일 명절 연휴
- 영업시간 09:30~20:30

|주변 볼거리| 이효석문학관, 봉평재래시장, 봉평허브나라, 무이예술관, 흥정계곡, 보광휘닉스파크, 용평리조트

★ 홍원막국수
- 주소 경기도 여주군 대신면 천서리 606
- 전화번호 031-882-8259
- 홈페이지 없음
- 주차공간 30대 정도 가능
- 테이블 규모 35석 정도
- 곁들이면 좋은 서브메뉴 편육
- 휴무일 연중무휴
- 영업시간 10:30~21:00

|주변 볼거리| 세종대왕릉, 신륵사, 명성황후생가, 목아박물관, 산수유정보화마을

비가 내려 외로운 날엔
짬뽕을 먹자!

Menu 009

짬뽕

뽕의전설의 해물짬뽕

돈방석짬뽕의 갈비전복짬뽕

단무지와 양파

갈비전복짬뽕의 전복들

비가 내리는 어느 날, 나는 책상 앞에 앉아 키보드를 두르린다. 처마 끝에서 떨어지는 물소리에 맞춰 나의 타이핑 소리가 춤을 춘다. '틱 톡, 틱 톡' 모니터 화면을 보고 치는 타자라 한 장을 다치고 또 한 장을 쳐도 종이를 갈아줄 필요가 없다. 스페이스 키를 누르거나 페이지 다운키를 누르면 그만이다.

한참 키보드를 두드리다가 어깨가 결려 기지개를 펴니 온몸에서 '우드득' 하고 뼈들이 제자리 잡는 소리가 난다. 어느새 창밖에는 어둠이 내려와 있고 사무실에는 아무도 없다. 비도 오는데 짬뽕이나 먹을까.

글★사진 강석균

짬뽕을 꼭 비가 내리는 날이나 외로운 날에 먹어야 하는 것은 아니다. 하지만 화창한 날이나 친구들과 함께 있는 날에 먹기에는 다소 아쉬운 음식일 수 있다. 왠지 짬뽕의 붉고 매운 맛은 화창한 날과는 어울리지 않아 보인다.

국어사전에 나와 있는 짬뽕의 정의는 이러하다. 중화요리의 하나. 국수에 각종 해물이나 채소를 섞어서 볶은 것에 돼지뼈나 소뼈, 닭뼈를 우린 국물을 부어 만든 음식, 두 번째 뜻은 서로 다른 것을 뒤섞은 것을 뜻한다. 국어사전에서 알 수 있듯이 짬뽕의 기원은 중국의 차오마미엔(炒馬麵, 초마면)이라는 면요리에서 시작된다.

19세기 말 중국의 차오마미엔은 일본 나가사키로 넘어와 일본 사람의 입맛에 맞게 변형되는데 이것이 바로 나가사키 잔폰(ちゃんぽん)이다. 잔폰의 모양은 짬뽕과 크게 다르지 않으나 국물은 돼지뼈와 닭뼈 우린 육수에 붉은색을 내는 고춧가루, 고추기름을 넣지 않아 허여멀건 하다. 비슷한 시기 중국의 차오마미엔은 당시 외국의 문물이 들어오던 제물포에서 한국인의 입맛에 맞게 개량되기 시작했다. 나가사키 잔폰의 허연 국물 대신 매운 맛을 내는 고춧가루와 고추기름이 쓰인 짬뽕이 탄생하게 된 것이다. 이렇듯 짬뽕의 유래가 나가사키와 제물포로 나뉘지지만 현재의 짬뽕이란 이름은 발음의 유사성상 나가사키 잔폰에서 온 것으로 보인다.

여러 짬뽕 중에서 허연 국물을 자랑하는 굴짬뽕의 기원이 되는 차오마미엔이나 이후 나가사키에서 개량된 잔폰, 초기 제물포에 등장한 짬뽕과 비슷하지만 해물을 넣은 일반 짬뽕이나 해물을 강화한 삼선짬뽕 등은 훗날 한국인의 입맛에 맞게 개량되어 현재의 짬뽕이 되었다 할 수 있다.

해물탕인가 해물짬뽕인가, 뽕의전설

중국의 차오마미엔, 나가사키의 잔폰과 짬뽕의 다른 점은 매운 맛에 있다. 고춧가루와 고추기름의 매운 맛은 붉은 짬뽕 국물로 표현된다. 짬뽕의 매운 맛은 후행이다. 뜨거운 짬뽕을 호호 불며 먹을 땐 그리 매운 것을 느끼지 못한다.

하지만 짬뽕을 다 먹어갈 무렵이면 입안에 서서히 매운 기운이 돌고 마지막으로 짬뽕 국물을 서너 번 마시면 입안이 확 매워짐을 느끼게 된다.

극단의 매운 맛을 추구하는 일부 짬뽕집과 달리 뽕의전설에서는 부드럽고 시원한

전복, 홍합이 어우러진 해물의 진수 뽕의전설 짬뽕

맛을 자랑한다. 그 까닭은 뽕의전설의 짬뽕이 각기 메뉴 이름은 다르지만 해물짬뽕을 추구하고 있기 때문이다. 조개, 홍합, 전복, 가리비는 기본이고 낙지, 문어, 전복 등을 추가할 수 있어 기존 짬뽕 맛에 해물탕 맛이 더해지는 것이다.

여기에 주방에서 초벌로 익힌 해물짬뽕을 냄비에 넣고 테이블 위에서 다시 한 번 익히니 이것이 해물탕인지 해물짬뽕인지 구분이 되지 않는다. 보글보글 짬뽕 국물이 끓기 시작하자 하나둘 입을 벌리는 조개와 홍합은 마치 반갑다고 인사를 하는 듯하다. 뽀얀 조개의 속살은 백치미를 자랑하는 천상의 선녀 같고 살며시 홍조를 띤 홍합의 속살은 지상의 순진한 처녀 같다. 죽은 줄만 알았던 전복이란 놈은 어여쁜 처자를 만난 것처럼 부끄러워 몸을 배배 꼰다.

▲ 감동적인 짬뽕을 조리하는 주방장 ▼ 건강에 좋은 초록색 시금치면과 해물짬뽕

　식당 안에 적힌 짬뽕 섭취 요령에 따르면 짬뽕 국물이 끓기 시작하면 불을 줄이고 짬뽕을 먹으라고 되어 있다. 우선 눈에 보이는 조개며, 홍합이며 부지런히 젓가락을 움직여 보는데 한참을 먹다보니 짬뽕의 면이 생각난다. 면이 어디 있을까 하고 해물을 뒤척여 면발을 꺼내보는데 응당 아이보리색 면발을 짐작했다가는 깜짝 놀란다.

　면발의 색이 녹색이다. 그제야 식당 안에 붙은 글귀가 눈에 들어온다. 매일 매일 들여오는 시금치를 갈아 밀가루와 섞어 만든 시금치면이란다. 시금치라면 뽀빠이가 즐겨 먹는다는 힘의 원천이 아닌가. 현실에서 시금치면이 힘을 주진 않아도 보통 면에서는 찾아볼 수 없는 시금치의 비타민C는 제공할 것 같아 절로 미소가 지어진다.

대체 짬뽕 맛이 어떻길래 뽕의전설이라 하는가

　부드럽게 맵고 시원한 뽕의전설의 짬뽕, 테이블 위에서 냄비에 여벌로 끓여 먹는 방식은 화창한 날보다는 비가 내리는 우중충한 날이 어울리지 않을까. 비에 몸이 젖었을 때, 하는 일이 잘 안 돼 괴로울 때, 연인과 헤어져 마음이 추울 때 테이블 위에 냄비를 놓고 불을 켜보면 어떨까. 해물짬뽕이 끓고 따끈한 짬뽕 국물이 속으로 들어오는 순간, 잠시라도 삶의 괴로움과 마음의 추위를 달랠 수 있지 않을까.

　해물짬뽕을 다 먹을 무렵 올라오는 부드럽고 시원한 매운 맛은 이마에 땀을 흐르게 하고 휴지로 땀을 닦다보면 왠지 울적했던 마음이 정화되는 것 같다. 단지 해물짬뽕을 먹을 뿐인데, 해물짬뽕을 먹고 한바탕 땀을 흘렸을 뿐인데 마음이 개운한 것은 왜일까.

◀ 푸짐한 갈비전복짬뽕과 종류도 다양한 메뉴판 ▶ 주방장의 일하는 뒷모습

갈비와 해물의 최고의 만남, 돈방석짬뽕

 여느 짬뽕집에서 볼 수 있는 해물짬뽕과 삼선짬뽕. 삼선짬뽕에서 삼선은 죽순, 새우, 해삼으로 해물짬뽕의 고급형 메뉴라 할 수 있다. 그런데 인천의 돈방석짬뽕에는 해물짬뽕, 삼선짬뽕을 뛰어넘는 독특한 짬뽕이 있다고 하여 화제다. 갈비와 해물이 만나 갈비전복짬뽕이 된 것. 인천 연안부두에서 매일 그날 팔 싱싱한 해물을 가져온다는 돈방석짬뽕. 그래서일까 짬뽕집 수조에 살아 있는 해물들이 움직이고 주방에서는 서로 엉겨 붙은 홍합 깨는 소리로 분주하다.
 갈비를 굽고 해물을 끓이는 시간이 필요해서일까. 더디게 나오는 갈비전복짬뽕을 기다리는 마음이 조급하다. 벌컥벌컥, 냉수만 들이켜고 있을 때 드디어 홍합 산 위에 갈비, 전복, 새우, 갑오징어 등이 가득한 갈비전복짬뽕이 등장했다. 한마디로 먹음직스럽게 푸짐하다. 갈비와 전복이 당당히 홍합 산 위에 놓여 있고 싱싱한 홍합은 짭조름한 짬뽕 국물이 베어 속살을 골라먹기 좋다. 여기에 왕새우와 갑오징어는 덤이다.

예전 포장마차에서 홍합탕 하나면 친구들과 긴 시간을 보냈던 때가 생각난다. 유일한 안주 홍합탕에 홍합이 줄어들수록 포장마차 주인의 눈치를 보며 홍합을 아껴 먹었다. 나중에는 홍합은 그대로인데 홍합탕 국물만 줄곧 보충하여 포장마차 주인장의 담배 무는 횟수를 늘게 했다. 그때 친구들과 몇 시간을 먹었던 홍합이 갈비전복짬뽕에서는 오롯이 혼자 몫이다.

그런데 썩 기분이 좋지는 않다. 그때 같이 홍합탕을 먹던 친구들이 곁에 없어서일까. 하나둘 늘어가는 홍합 껍데기를 담은 그릇이 넘친다. 그러고 보니 홍합 껍데기를 담은 그릇 밑에 또 하나의 그릇이 있다. 처음에는 그릇을 더 주었나 싶었는데 지금은 자연스럽게 밑의 그릇을 빼내어 홍합 껍데기를 담는다. 어느새 두 개의 그릇에 홍합 껍데기가 쌓이고 그제야 바닥에 깔린 면이 보인다.

홍합 산 위의 갈비는 틈틈이 먹어야 한다. 처음부터 갈비만 먹으면 갈비 맛이 너무 일찍 끝나 아쉽다. 갈비를 맛보며 전복과 홍합, 조개 등을 번갈아 먹는 게 갈비전복짬뽕을 즐기는 요령이다.

오리지널 해물짬뽕이란 바로 이런 것, 하오차이

해물짬뽕을 하는 식당은 많다. 그중에서 수원의 하오차이는 짬뽕 전문점이라 표방할 만큼 짬뽕에 대한 자부심이 대단한 곳이다. 짬뽕 중에서도 갖은 해물을 넣은 해물짬뽕이 주메뉴로 인기를 끌고 있다. 점심시간 하오차이에는 해물짬뽕을 찾는

▲ 평범해서 더 생각나는 하오차이 해물짬뽕 ▼ 점심시간 이 집만 북적이는 이유는 뭘까?

사람들로 붐볐다. 인근의 썰렁한 식당에 비해 홀로 튀는 모습이다. 과연 어떤 맛이기에 사람들이 몰릴까. 바쁜 점심시간 차마 "한 사람이요"라는 말이 쉽게 떨어지지 않는다. 애써 종업원의 눈을 피해 자리를 잡고 해물짬뽕을 시킨다. 때가 때인 만큼 패스트푸드점이 울고 갈 정도로 빨리 해물짬뽕이 나왔다.

사각의 짬뽕그릇에 조개, 갑오징어, 홍합 등이 작은 산처럼 쌓인 전형적인 해물짬뽕의 모습이다. 해물 밑에는 넉넉한 양파층이 있고 그 아래 쫄깃한 면이 보인다. 옆 테이블에 가족과 함께 온 꼬마는 양파가 많다고 하지만 양파 값이 많이 올라 이렇게 풍성하게 양파를 쓰는 집도 드물지 않나 싶다.

해물짬뽕의 맛은 걸쭉하고 매운 맛이 일품이었다. 그렇다고 매운 맛만을 강조한 짬뽕은 아니었고 매운 맛의 단계가 있는 곳도 아니었다. 흔히 본 듯한 해물짬뽕이었지만 왠지 다시 당기는 맛이랄까.

Travel Tip

★ 뽕의전설
- 주소 서울특별시 영등포구 대림동 990-5
- 전화번호 02-841-8410
- 홈페이지 없음
- 주차공간 없음
- 테이블 규모 40석 정도
- 곁들이면 좋은 서브메뉴 군만두, 탕수만두
- 휴무일 매주 월요일
- 영업시간 11:00~22:30

|주변 볼거리| 보라매공원

★ 돈방석짬뽕
- 주소 인천광역시 남동구 구월동 1276-2
- 전화번호 032-465-6007
- 홈페이지 없음
- 주차공간 식당 앞 1~2대 가능
- 테이블 규모 40석 정도
- 곁들이면 좋은 서브메뉴 어린이에게 짜장
- 휴무일 둘째, 넷째주 월요일
- 영업시간 11:00~21:00(재료 소진 시까지), 15:00~16:00 청소시간

|주변 볼거리| 답동성당, 홍예문, 자유공원, 구일본은행, 구제물포구락부, 차이나타운, 월미도

★ 하오차이
- 주소 경기도 수원시 팔달구 우만동 558-3
- 전화번호 031-212-6061
- 홈페이지 없음
- 주차공간 식당 앞에 1~2대 가능
- 테이블 규모 40석 정도
- 곁들이면 좋은 서브메뉴 군만두
- 휴무일 매주 일요일
- 영업시간 11:00~22:00

|주변 볼거리| 수원화성, 팔달문, 서포루, 남포루, 서장대, 화서문, 장안문, 서북공심돈, 북동포루, 북포루, 화홍문, 동북각루(방화수류정)

세월은 무심해도
맛은 그대로구나

Menu 010

| 냉면

평남면옥 물냉면 한 젓가락

평래옥 물냉면

평래옥 닭무침

진주냉면 물냉면

누구나 가슴속에 그리움 하나쯤 품고 산다. 지나고 보면 애틋하지 않은 날들이 어디 있겠냐마는, 시간이 지날수록 유독 짙어지는 추억은 때로 상처가 되기도 한다. 12월의 서리처럼 여리고 가냘파서 차마 손조차 댈 수 없는 그리움. 하지만 버릴 수도 없는 추억이라면 차라리 꾹꾹 묻어두는 것이 나은 일. 마흔이 넘어서야 산다는 것이 무심히 흐르는 강물과 다를 것이 없다는 것을 알게 된 것처럼, 삶이 더 성숙해지면 슬픔과 기쁨이 같은 단어라는 것도 깨닫게 될 테니까.

글★사진 박동식

초등학교 4학년 여름방학 때였다. 비상소집일, 아이들은 운동장 계단에 모여 앉았고, 나는 며칠 전 세상을 떠난 어머니를 생각하고 있었다. 방학 때 벌어진 일이니 담임선생님도, 친구들도 알지 못했다. 돌아올 수 없는 이별을 이해하고 있었던 나는 화장터에서 어머니가 한줌의 재가 되는 모습을 지켜본 후에는 정신까지 잃었다. 커다란 구멍이 난 것처럼 가슴이 휑하고 무릎에서 힘이 빠지는데 세상은 하나도 변하지 않았다. 내가 이렇게 힘든데 세상은 눈 하나 깜빡하지 않고 자신의 길을 간다는 것. 그것이 내가 처음 경험한 세상이었다.

이후에 생활은 더욱 궁핍해졌다. 아버지는 한 장의 연탄이라도 아끼기 위해 연탄을 갈아 넣은 시간까지 적어놓았다. 그리고 열두 시간이 되기 전에는 절대 연탄을 갈지 않았다. 그러기 위해서 아궁이의 바람구멍은 늘 막아두어야 했다.

그 무렵 내가 가장 좋아했던 음식은 냉면이다. 요즘이야 먹을 것도 풍부하고 종류도 다양하지만 그 시절은 그렇지 못했다. 그렇다고 하더라도 초등학생이 냉면을 좋아하는 것은 그리 흔한 일이 아니었다. 혹시 자장면이면 모를까. 내가 냉면을 좋아했던 이유는 오로지 아버지 때문이었다. 아버지의 고향은 평안북도 신의주였고, 며칠 후면 다시 집으로 돌아갈 것이란 생각으로 친구들 몇 명과 혈혈단신으로 피난을 왔다. 사실 어렸을 때는 북한 사람들이 그토록 냉면을 좋아하는지 몰랐다. 그저 아버지가 냉면을 좋아하는 것으로만 생각했다.

나는 종종 학교에서 돌아오면 가방을 내려놓기도 전에 "냉면 없어?"라고 묻기도 했고 집에 냉면이 있든 없든 아버지는 항상 "있다!"고 대답하셨다. "어디?" "냉면가게!" 그렇게 싱거운 농담에 매번 속으면서도 나는 툭 하면 냉면 타령이었다.

요즘은 냉면조차 인스턴트식품이 나와서 라면을 끓이듯 조리할 수 있지만 그 시절 집에서 냉면을 해먹는 방법은 지금과 사뭇 달랐다. 빨래판처럼 생긴 면 덩어리는 모든 가닥들이 달라붙어 있어서 일일이 뜯어내야 하고 특히 끝자락은 그 정도가 심해서 떡처럼 뭉개져 있었다. 그것들을 떼어내는 일은 언제나 나의 몫이었다. 결국 나는 초등학교 시절부터 맛있는 냉면을 먹기 위해 만만치 않은 대가를 지불한 셈이다.

실향민들의 안식처, 평남면옥

몇 해 전 철원으로 취재를 갔을 때의 일이다. 철원은 해방 직후 북한 치하에 있던 땅이라 지금도 많은 실향민들이 살고 있다. 와수리 재래시장 안에 실향민들이 즐겨 찾는 냉면집이 있다는 소문을 듣고 찾아갔다. 50여 년간 냉면집을 운영하시던 안필녀 할머니는 아들 내외가 가게 운영에 뛰어들어 도움을 주고 있지만 여전히 주방에서 가장 중요한 역할을 하고 있었다.

아버지 고향이 평안북도라는 이야기를 듣고 할머니는 내 손을 덥석 잡았다. 알고 보니 할머니의 남편 역시 평안남도가 고향이었다.

평남면옥 물냉면

그래서 가게 이름도 평남면옥이다. 남편은 피난을 내려오기 전 고향에서 어머니와 냉면집을 운영했다고 했다. 평안북도와 평안남도면 같은 동향이나 마찬가지 아닌가. 더 기막힌 것은 나의 아버지와 할머니 남편의 삶이 매우 흡사했다는 점이다.

북에 가족을 남겨 두고 혼자 피난을 내려와 이곳에서 재혼을 할 수밖에 없었던 사연. 그리하여 나는 또래의 아버지에 비하면 할아버지 같은 아버지를 갖고 있었고, 할머니는 열아홉 살이나 많은 남편과 살아야 했다. 식당 일을 돕고 있는 아들의 나이와 내 나이가 엇비슷한 것과 이미 한참 전에 두 분 모두 세상을 떠난 것까지 많은 삶이 중첩되어 있었다. 할머니는 잡은 손을 놓지 않고 같은 말만 반복했다. "어찌 이리 비슷하누. 어찌 이리 비슷해."

평남면옥 외부 전경

　즉석에서 반죽하는 평남면옥은 손님에 따라 반죽 비율을 달리 한다. 노인이 오면 전통방식 그대로 메밀로 반죽하고, 질긴 면에 익숙한 젊은 손님에게는 함흥식으로 전분을 추가한다. 그날 나는 평남면옥에서 오래전 아버지가 만들어주시던 냉면을 다시 맛볼 수 있었다. 마흔을 넘기고 찾아간 평남면옥에서 꿩으로 육수를 낸 냉면을 맛보며 아버지를 떠올렸다.

　냉면을 만들면서 아버지는 몇 개의 추억을 그리워했던 것일까. 돌아갈 수 없는 고향과 남겨진 아내와 자식들. 그 누구보다 그리움 많은 삶을 살았을 당신. 나는 울컥하는 가슴을 잘도 짓누르며 냉면 국물을 벌컥벌컥 마셨다.

평남면옥 안필녀 할머니가 일하는 모습

62년 전통의 평래옥과 남한 냉면의 자존심 황덕이 진주냉면

　평래옥은 초계탕으로 유명한 집이다. 옛 중앙극장 건너편에서 영업할 때 그 맛이 궁금해 부러 찾아갔던 곳이다. 건물이 헐리는 바람에 지금은 을지로3가로 이전했고 공교롭게도 나는 1년 전부터 근처에 작업실을 얻어 출근한다. 결국 평래옥은 점심 단골집이 되었다. '평안도에서 왔다'는 뜻을 가진 평래옥(平來屋) 역시 평안도 음식을 전문으로 하는 곳으로 점심시간에는 몇 십 명의 줄은 기본이다. 62년의 전통을 이어오고 있는 평래옥은 닭 육수를 사용한다. 잘게 찢은 닭고기와 얼갈이배추를 고명으로 올린 것도 특징이다.

　밑반찬으로 나오는 닭무침은 주메뉴인 냉면과 초계탕 못지않은 인기를 누린다. 아버지는 설날 떡국을 끓일 때 닭 육수를 사용했다. 삶아진 닭은 결대로 찢어서 갖은 양념으로 무쳤고, 그렇게 무쳐진 닭무침은 닭 특유의 뻑뻑한 육질은 사라지고 감칠맛이 돌았다. 지금도 닭무침은 우리집 명절음식의 대표주자다.

　흔히 냉면을 이북 음식으로만 생각하는 사람이 많다. 하지만 북한 못지않게 남한에도 유명한 냉면이 있다. 바로 진주냉면이다. 진주냉면은 평양식처럼 메밀 반

문전성시를 이루는 평래옥 입구

죽으로 면을 뽑는다. 때문에 질기지 않고 잘 끊어진다. 하지만 면만 같을 뿐 육수와 고명은 매우 독특하다. 꿩이나 닭고기, 쇠고기 육수 혹은 동치미 국물을 사용하는 이북의 냉면과 달리, 진주냉면은 해산물로 육수를 만든다. 멸치, 홍합, 문어, 바지락 등의 해산물로 우려낸 육수에 조선간장으로 간을 한다. 여기에 달걀에 묻혀 지진 쇠고기 육전이 고명으로 오른다. 깔끔하고 감칠맛 나는 육수와 씹는 맛이 일품인 육전의 조화가 진주냉면의 특징이다.

이런 진주냉면의 참맛을 느껴볼 수 있는 곳이 바로 황덕이 할머니가 운영하는 진주냉면이다. 1945년부터 냉면 장사를 시작했으니 진주냉면의 원조라고 해도 과언이 아니다. 한번 맛보면 쉽게 잊지 못하는 진주냉면은 남한 냉면의 자존심이라고 할 수 있다.

사실 아버지의 냉면을 맛보았던 시간은 그리 길지 않다. 중학교에 입학한 후 아버지는 늘 누워만 계셨고 남은 3남매는 너무 어렸다. 뿐만 아니라 병원이 두려울 정도로 우리는 가난했다. 1학기 중간고사가 막 끝난 무렵이었다. 교무실에서 담임선생님의 호출이 있었다. 지레 겁을 먹고 교무실에 들어섰는데, 담임선생님 옆에

▲ 평래옥 닭무침과 물냉면, 비빔냉면 ▼ 평래옥 실내 전경

아버지 친구 분이 앉아계셨다. 그때의 불길함이란.

  친구의 얼굴을 보기 위해 집에 찾아왔다가 아버지의 상태가 심각해 학교로 달려오신 것이다. 나는 책가방을 챙겨들고 집으로 돌아갔다. 형과 누나까지 집에 모인 후 저녁이 되기 전 아버지를 병원으로 옮겼다. 의사는 암으로 추정되지만 지금은 체력이 약해져 정밀검사를 할 수 없다며 기력을 되찾을 때까지 입원을 권고했다. 응급실에 누워 계시던 아버지는 그제야 하나도 안 아프다고 하셨다. "나, 안 아프다. 안 아프다"는 말씀만 되뇌던 아버지는 그날 저녁 모처럼 편히 잠드신 후 다시

▲ 진주냉면 면을 뽑는 모습 ▶ 진주냉면 외관과 물냉면

는 깨어나지 않았다. 고통도 없고 유언도 없었다.

　아버지 역시 어머니와 마찬가지로 벽제화장터에서 한줌의 재로 세상과의 인연을 끝맺었다. 납골당도 없이 형님의 손에 의해 산중턱에 뿌려진 아버지. 살아만 계시다면 서울을 비롯해 철원이며 진주며 세상 구경은 물론이고 그토록 좋아하시던 냉면도 사드리고 싶건만……. 세월은 기다려주지 않았다. 부드러운 메밀냉면마저도 드시지 못할 정도로 쇠약해지면 아버지를 위해 가위로 자른 냉면을 떠 드리며 나는 이렇게 투정을 부렸을지도 모른다.

　"아버지가 만들어주는 냉면, 한 번만 더 먹어보고 싶다!"

　입가에 묻은 냉면 국물을 닦아드리면 아버지는 씨익 웃고 말겠지.

Travel Tip

★ **평남면옥**
- **주소** 강원도 철원군 서면 와수리 1172
- **전화번호** 033-458-2044
- **홈페이지** 없음
- **주차공간** 시장 무료 공영주차장 있음
- **테이블 규모** 50석 정도
- **곁들이면 좋은 서브메뉴** 순댓국, 아바이순대
- **휴무일** 연중무휴
- **영업시간** 07:00~21:00

|주변 볼거리|| 고석정, 직탕폭포, 도피안사, 철원노동당사

★ **평래옥**
- **주소** 서울특별시 중구 저동 2가 18-1
- **전화번호** 02-2267-5892
- **홈페이지** 없음
- **주차공간** 없음
- **테이블 규모** 1층 55석, 2층 40석
- **곁들이면 좋은 서브메뉴** 초계탕, 온면, 육개장, 한우불고기
- **휴무일** 둘째, 넷째주 토요일
- **영업시간** 11:30~22:00

|주변 볼거리|| 남산공원, N서울타워, 청계천, 명동, 종묘, 창경궁, 덕수궁, 인사동

★ **황덕이 진주냉면**
- **주소** 경상남도 진주시 강남동 141-1
- **전화번호** 055-756-2525
- **홈페이지** 없음
- **주차공간** 50대 가능
- **테이블 규모** 300석 정도
- **곁들이면 좋은 서브메뉴** 갈비탕, 육전, 육회
- **휴무일** 연중무휴
- **영업시간** 08:30~21:30

|주변 볼거리|| 진주성, 남강 의암, 진양호, 비봉산, 경산 남도수목원

 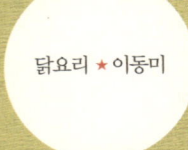 닭요리 ★ 이동미

  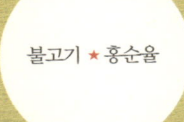 불고기 ★ 홍순율

삼겹살 ★ 이주영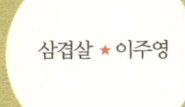

 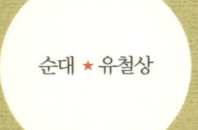 순대 ★ 유철상

삼색 닭골목 기행
동족상잔의 비극, 닭닭닭!

Menu 011

닭요리

지글지글 익어가는 춘천 닭갈비

푸짐한 안동찜닭 한 접시

양념으로 뒤덮인 춘천 닭갈비

대구 닭똥집 모둠 한 접시

나는 닭띠다. 태어나는 순간부터 닭과의 운명적인 인연이 정해진 셈이다. 그래서인지 어릴 때 동물 중에서 닭을 가장 먼저 익혔고 닭이 지나가면 한 번 더 보게 되었으며 닭요리에 대한 관심이 남달랐던 것 같다. 사실 닭요리, 계란요리만큼 세계적이고 보편적인 음식도 드물다. 시골 동네 구석구석까지 치킨집 없는 곳이 없고 인도의 탄두리 치킨부터 프랑스의 꼬꼬뱅까지 지구 위의 다양한 닭요리로 세끼를 먹는다 해도 그 종류를 다 맛보지 못하고 죽을 법하다. 그 오묘한 닭요리의 세계 중 골목작가로 불리는 내 입맛을 사로잡은 비장의 닭요리 골목 세 곳을 소개해본다.

글★사진 이동미

나이가 같은 동기들 모임에서 닭요리는 빼놓을 수 없는 추억이다. 맥주집에 앉아 치킨을 앞에 놓고 같은 닭띠로서 '우리는 지금 동족상잔의 비극을 저지르고 있다'는 둥 '닭이 먼저인지 달걀이 먼저인지 자기는 정확히 알고 있다'는 둥 갑론을박을 했다. 그도 저도 지치면 '닭요리 하나씩 대기' 놀이를 했으니 닭강정, 닭계장, 닭꼬치, 닭볶음탕, 닭죽, 닭칼국수, 초계탕, 닭갈비, 찜닭, 치킨 파이, 치킨 샐러드, 라조기까지. 도대체 닭으로 못하는 요리가 뭐냐며 투덜대다 취해 먼저 쓰러진 친구는 몽롱한 상태에서도 닭요리를 읊어댔다.

돌이켜보건데 닭은 우리 생활과 역사에 빠질 수 없는 동반자 아니, 구원자임에 틀림없다. 가야시대 유물에서 달걀 껍데기가 담긴 토기가 발견되었고 고구려 무용총벽화에도 꼬리가 긴 닭이 등장한다. 중국 문헌인『본초강목』에 '백제 닭은 무척 아름답고 식용으로 으뜸이다'고 하였다. 특히 '장미계(長尾鷄, 꼬리가 긴 닭)가 닭 중에 가장 맛이 좋다'고 하여 중국 사람들이 앞다퉈 백제의 장미계를 구입해 갔다 한다. 전 세계에 닭고기 안 먹는 곳이 없으니 역설적이지만 닭이 없었으면 어쩔 뻔했을까.

주방에서 무언가를 하려고 하면 가장 먼저 손이 가는 것이 계란이니 그것으로 프라이하고 여유가 있으면 이것저것 넣어 계란말이로 밥반찬이나 술안주를 만든다. 주말이나 가벼운 손님상에는 닭볶음이나 닭갈비를, 복날이 다가오면 삼계탕을 끓인다.

부위별로도 요리를 하니 닭발, 근위, 날개, 다리를 이용한 조림이나 볶음은 또 나름대로 각각의 맛을 낸다. 하여 부위별 닭요리를 전문으로 하는 요릿집이 골목을 가득 채우는 닭요리 골목이 생겨난 것은 하나도 이상할 게 없다.

계륵은 먹을 것이 없다? 춘천 닭갈비 골목

위나라 조조는 촉나라 유비와 한중(漢中) 땅을 놓고 싸우면서 깊은 고민에 빠져 있었다. 계륵(鷄肋)! 먹자니 먹을 것이 없고 버리자니 아까운 닭갈비란 뜻으로 쓸모 있는 것은 아니지만 버리기는 아까울 때 '계륵'이란 단어를 쓴다. 결국 조조는 이틀 후 철수 명령을 내린다.

춘천 닭갈비 골목

계륵은 정말로 먹을 것이 없을까? 그건 춘천 닭갈비를 먹어보지 못한 사람들이 하는 말일 것이다. 처음 춘천 닭갈비를 먹었을 때 '세상에 이런 맛난 음식이 있구나'라는 생각을 했다. 중학교 때 먹었던 달착지근한 탕수육 다음으로 맛난 음식이었다. 맛도 맛이지만 도끼자루처럼 생긴 도구를 들고 와 이리저리 닭갈비를 뒤집는 퍼포먼스 또한 먹는 즐거움을 더해주었다.

닭의 갈비를 들고 이리저리 발라먹는 즐거움을 조조는 왜 몰랐을까? 번거롭지 않은 것은 아니지만 뼈 사이에 붙어 있는 조각 살과 양념을 쪽쪽 빨아먹는 맛이 일품이다. 그러다 어느 날부터인가 뼈 없는 닭갈비가 등장했다. 뼈가 없으니 먹기가 훨씬 수월했지만 스틱 자동차가 오토로 바뀐 느낌이랄까?

하지만 인간은 참으로 간사한 동물이다. 금세 적응되어 이제는 뼈를 발라먹는 것이 귀찮고 원시적이라는 생각을 하게 되니 말이다. 그래도 부재료인 양배추와 고구마, 떡볶이 떡은 한결같다. 고구마는 맛도 좋지만 고구마가 익으면 닭고기도

▲ 정겨운 분위기의 닭갈비 식당 안, 지글지글 익어가는 닭갈비들
▼ 주말 낮 군악대의 연주

익어 먹을 수 있음을 알려주는 중요한 역할을 한다. 파삭하면서도 달착지근한 고구마와 쫄깃쫄깃 매콤한 떡, 고추장 양념이 잘 배인 닭고기 그리고 부드러운 양배추와 얼음 동동 뜬 물김치가 펼치는 닭갈비의 향연은 행복을 부른다.

여기에 소주를 곁들여 붉어진 볼로 나서는 춘천 명동거리에는 드라마 「겨울연가」의 주인공들처럼 연인들이 손에 손을 잡고 걸어간다. 주말이면 생각도 못한 즉석 공연과 연주가 펼쳐지니 사랑스런 춘천 닭갈비 골목이다.

허름하고 좁지만 푸짐하다, 안동찜닭 골목

안동 구시장의 찜닭 골목을 처음 찾았을 때 적잖이 놀랐다. 멀리서부터 들리는 이 소리는 무엇인가? 전국바둑대회 생중계를 볼 때 들리던 수십만 개의 바둑돌

찜닭 골목이 시작되는 구시장 안

두는 소리? 아님 특별한 공연이나 효과음? 종잡을 수 없는 소리는 찜닭집이 가까워질수록 더해졌으니 찜닭집 주방 앞에 도착해서야 그 의문과 비밀이 풀렸다.

  필자가 찾은 시간은 재료를 준비하고 다듬는 시간이었고 이때 골목의 수많은 찜닭집들에서는 무를 썰고 있었다. 치킨을 주문하면 서비스로 제공되는 깍뚝 모양의 하얀 무를 직접 만드니 '깍뚝 무 난타 퍼포먼스' 소리가 그리도 요란했던 것이다. 그만큼 많은 찜닭집들이 모여 있었다. 그중 넉넉한 미소의 아주머니와 눈이 마주쳐 그 집으로 들어갔다. 좁은 실내는 이미 꽉 차 2층으로 안내되었다.

  아슬아슬 급경사에 한 사람이 겨우 올라갈 수 있을 좁은 사다리를 타고 오르니 허리를 펼 수 없이 낮은 다락방에 테이블 두세 개가 놓여 있고 벽에는 낙서가 가득하다. 조금 기다리니 쟁반만한 접시에 푸짐한 안동찜닭이 올라온다. 주재료인 닭고기에 당면과 감자와 채소를 넣고 간장, 설탕, 물엿의 황금비율로 양념해 짭짤하고 달콤하다. 게다가 칼칼한 매운맛의 안동찜닭은 중독성이 있다. 큰 접시를 가운

▲ 안동찜닭 조리 중 마지막 젓는 과정과 정겨운 낙서들 ▼ 외국인도 좋아하는 안동찜닭

데 두고 여럿이 함께 어울려 먹는 서민적이고 대중적인 음식으로 주인아주머니가 권해주는 안동찜닭 맛있게 먹는 법을 들어보자.

  먼저 당면을 먹는다. 퍼지기 전에 양념을 적당히 묻혀가며 먹고, 그 다음 식기 전에 고기를 골라 먹는다. 그리고 채소를 먹으면 된다. 마지막으로 남은 국물 양념에 밥을 넣고 비벼먹으면 한 끼 식사로 부족함이 없다. 이후로도 안동찜닭 골목을 여러 번 찾았으나 이제 다락방이 남은 집은 몇 곳 되지 않는다.

▲ 닭똥집 골목의 입구 ▼ 고구마와 같이 튀겨내는 누드똥집과 닭똥집 모둠 한 접시 ▲ 닭똥집 거리

똥집의 변신은 무죄! 대구 닭똥집 골목

닭은 그 크기에 비해 부위별 요리가 무척이나 다양한 재료다. 이런 면에서 볼 때 대구는 전국에서 닭똥집을 가장 많이 소비하는 도시일 것이다. 그 이유는 닭똥집 골목 때문이다.

처음 닭똥집 골목이란 말을 듣고는 포장마차 술안주처럼 닭똥집을 소금 간해 프라이팬에 볶아주는 요리인 줄 알았다. 그런데 닭똥집 골목에 들어서니 현대적인 분위기에 놀랐고 메뉴에 다시 한 번 놀랐다. 튀김똥집, 간장똥집, 마늘똥집, 양념똥집에 누드똥집까지…….

"여기 양념 반, 튀김 반이요!"

이곳에선 닭똥집에 튀김옷을 입혀 치킨처럼 튀겨 먹는다. 150도 정도에서 3분 남짓 튀겨내면 쫄깃해 씹는 맛이 일품이다. '양념치킨'처럼 물엿, 고춧가루, 마늘 후추 등 갖은 양념에 버무린 것이 '양념똥집'이다. 튀김옷을 입히지 않는 것은 누드똥집이요, 마늘 다진 것을 함께 볶고 또 고명으로 얹으면 마늘똥집이 되고, 맵지 않게 간장으로만 양념한 것은 간장똥집이다. 얼핏 보면 닭강정 같기도 하고 닭튀김 같기도 한 이것의 튀김옷을 벗겨 내면 닭똥집이 드러난다. 깨소금이나 머스터드소스에 찍어 먹으면 좋다.

이 골목에 닭똥집 요리가 처음 등장한 것은 1980년대라 한다. 생닭을 팔던 아주머니 한 분이 닭을 튀겨 파는 통닭집도 함께 했는데 닭의 모래주머니, 이른바 똥집이 남아도는 것을 기름에 튀겨 서비스로 내었다고 한다. 그런데 그것의 인기가 치킨보다 좋아 주객이 전도되는 사태가 발생했으니 오늘날의 닭똥집 골목이 되었다.

이 골목은 여름철 저녁에 가야 제격이다. 오후 4시부터 고소한 냄새가 조금씩 나고 퇴근시간이 되면 직장인들이 몰려들고 대학생들로 새벽까지 불야성을 이룬다. 연인들이 찾아오고 그 연인들이 결혼해서 나중에는 아이들 손을 잡고 온다. 또 그 아이들이 자라 중고생이 되면 방과 후에 2~3,000원씩 모아 간식으로 사먹고 간다. 대구 사람들의 유전자 속에는 뱃속에서부터 먹은 닭똥집 맛이 기억되어 있다는 주인장의 능청스러운 말이 사실일 수도 있겠다는 생각을 해본다.

너무나 즐겁고 맛있는 이야기라 모 방송에서 대구 닭똥집 골목을 소개한 적이 있다. 그런데 방송용어로는 적당하지 않다며 똥집 대신 근위라는 단어를 써 달라 했다. '짜장면'을 '자장면'이라 하면 어디 그 맛이 나는가? "닭근위 골목에 가면 튀김근위, 양념근위, 누드근위가 있는데……." 영 재미가 없는 방송이라 필자뿐만 아니라 방송작가와 PD들 모두 많이 아쉬워했다.

Travel Tip

★ **춘천 닭갈비 골목**

춘천에는 닭갈비 골목이 여럿 있다. 그중 원조는 명동 옆 좁은 골목으로 여러 집이 모여 있다.

- **주소** 강원도 춘천시 조양동
- **전화번호** 우미닭갈비 033-253-2428, 명동 골목 닭갈비 033-256-2868, 명동 일번지 033-256-6448
- **홈페이지** 명동 골목닭갈비 www.mdakgalbi.com, 명동 일번지 www.dakgalbee.co.kr
- **주차공간** 골목에 주차공간이 없으니 대중교통을 이용해야 한다.
- **휴무일** 연중무휴
- **영업시간** 10:00~23:00(식당마다 다름)

|주변 볼거리| 명동거리, 공지천, 소양댐, 강촌, 남이섬

★ **안동찜닭 골목**

안동 구시장 안동찜닭 골목을 찾아가면 된다. 여러 집이 모여 있다.

- **주소** 경상북도 안동시 남문동
- **전화번호** 현대찜닭 054-854-0137, 영가 054-854-3838, 대가 054-856-7888, 원조 054-855-8903
- **주차공간** 시내 중심가라 주차하기가 쉽지 않다. 안동 시청 주차장을 이용하면 찜닭 골목까지 300~500m 정도 걸어야 한다.
- **휴무일** 연중무휴
- **영업시간** 10:00~23:00(식당마다 다름)

|주변 볼거리| 안동하회마을, 월영교, 안동소주박물관, 하회동 탈박물관

★ **대구 닭똥집 골목**

동대구역에서 북서쪽으로 1km 정도 가고 동대구로를 따라 오른쪽으로 걷다 보면 파티마병원이 나온다. 여기에서 왼쪽 칠성시장 방향으로 400m쯤 가면 오른쪽에 간판이 보인다.

- **주소** 대구광역시 동구 신암동
- **전화번호** 똥집본부 053-955-7458, 삼아통닭 053-952-3650, 진미통닭 053-954-6580, 은행나무통닭 053-942-6660
- **홈페이지** www.ddongzip.com
- **주차공간** 주차가 어렵다. 택시를 타고 신암동에 위치한 평화시장 닭똥집 골목으로 가자고 한다.
- **휴무일** 첫째, 셋째주 일요일에 대부분 문을 닫는데 상점에 따라 둘째, 넷째주 일요일에 문을 닫기도 한다.
- **영업시간** 16:00~02:00(식당마다 다름)

|주변 볼거리| 대구 약전골목, 우방타워, 팔공산 갓바위

손끝에서 나오는 달달한
세계의 맛

Menu 012

불고기

옥돌집 불고기 상차림

대한식당 불고기

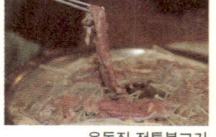
옥돌집 전통불고기

언양불고기

절대 빈곤의 1940년대부터 1950년대까지, 쌀과 육고기를 향한 한국인들의 동경은 요즘처럼 '손만 뻗으면 닿는 곳'에 밥과 고기가 있는 이 시대에는 상상도 못할 정도였다. 더구나 육고기의 경우 조선시대 내내 쇠고기 육식이 금지되었던 상황에서 일반 서민들은 상류층만 쇠고기를 즐기는 상황을 목격하였고, 이것이 평등 시대에도 상류층의 음식으로 인식되며 음식 자체가 계층화되는 현상을 보이기도 하였다.

바로 이때 탄생한 것이 불고기다. 지금이야 세계적인 지명도를 가진 한국 대표 맛이지만, 먹거리가 다양해진 요즘 오히려 우리나라 사람들에게는 우선순위에서 밀리고 있다. 그래도 불고기의 생존력은 한국인의 기질처럼 꿋꿋하다. 아직도 불고기 명가를 찾아다니는 사람들이 많은 걸 보면 알 수 있다.

글★사진 홍순율

쇠고기를 불에 구워 먹는 우리의 전통은 꽤 오래전부터 내려온 것이다. 조선시대 후기 『동국세시기』에는 "서울 풍속에 화로에 숯불을 피워 놓고 번철에 쇠고기를 구우며 화롯가에 둘러 앉아 먹는다"라는 구절이 있다. 과거보다 경제적, 문화적으로 풍성해진 조선시대 후기에는 쇠고기를 요리해 먹는 풍습이 꽤 퍼져 있었던 듯하다.

일제 강점기를 거친 1940년부터 1950년대에 본격적인 고깃집이 서울에 등장하였다. 당시의 시내와 외곽에 포진했던 고깃집들은 양념에 재운 쇠고기구이(불고기)를 상업적으로 팔기 시작했고, 이것이 당시 사람들의 주머니를 탈탈 털었다. 이 쇠고기구이가 대중들에게 인정받으면서 쇠고기구이 하면 불고기를 가리키게 되었다.

현대에서는 1960년대 경제 성장기를 거치며 지역별로 독특한 불고기들이 등장, 양념한 국물에 밥을 비벼 먹을 수 있는 서울식 불고기, 생고기에 살짝 양념을 하여 석쇠에 굽는 광양불고기, 여러 부위의 고기를 섞고 다져 두툼하게 만든 다음 석쇠에 올려 굽는 언양불고기 등으로 발전하였다. 요즘은 체인망을 갖춘 대형 프랜차이즈도 등장한데다 인터넷을 통해 불고기를 포장 판매하는 곳도 생겨났다.

한편 일본으로 건너간 우리 교포들은 '쇠고기를 구워 먹지 않는' 일본에 쇠고기구이 음식점을 차려 일본식 불고기인 '야키니쿠(燒き肉)'를 탄생시켰다. 이 야키니쿠가 오히려 일본에 의해 세계화되는 현상도 나타났다.

부위별로 싱싱한 생고기를 구워 먹는 생고기구이(흔히 숯불에 구워 먹기 때문에 숯불구이라고 부른다)가 유행하는 오늘날, 불고기는 가정에서도, 음식점에서도 옛날의 지위를 잃은 느낌이다.

하지만 불고기는 여전히 맛있다. 부드러운 고기를 씹으면서 입안에 차오르는 달착지근한 양념의 맛, 고기의 원산지나 부위가 언론과 방송의 도마에 자주 오르는 요즘, 양념에 주목하여 전통의 옛맛인 불고기를 즐겨보는 건 어떨까.

60여 년을 지켜온 서울식 불고기, 옥돌집

옥돌집 외관

1948년 미아리고개 너머 지금의 길음동에 문을 연 옥돌집. 당시에는 시골 정취인 논밭이 펼쳐지고 집들이 거의 없는 동네였다. 의정부에서 서울로 들어오는 간선도로 길가에 있었다지만 주변 풍경은 완연한 시골이었다. 요즘으로 치면 서울 근교의 경치 좋고 분위기 좋은 카페나 음식점과 같은 입지였을 것이다.

시내에 들어선 몇몇 불고깃집과 함께 초기 불고깃집의 역사라 할 수 있는 옥돌집은 약간의 이동이 있었지만, 현재 여전히 미아리고개 너머 길음동을 지키고 있다. 다른 유명 불고깃집들이 지점을 만들거나 강남 일대로 진출하는 등 규모를 확장해 갈 때 이 집은 조용히 3대를 이어오며 동네의 맛집으로 변함없이 제자리를 지켜왔다.

세월의 흐름에 따라 양념의 배합이나 내부 인테리어는 조금씩 달라졌지만, 서울식 불고기의 원형을 간직하고 있다는 점에서 서울식 불고기의 본 맛을 보고 싶다면 한번쯤 찾아가 볼 만하다. 게다가 재료가 육우냐 한우냐에 따라 가격을 달리 받고 있어 주머니 사정에 따라 선택의 폭이 있으니 서민들이 즐기기에도 좋다.

옥돌집에 들어서면 일단 외관에서부터 세월의 흔적이 느껴진다. 벽에 타일을 붙인 2층 건물에 내부 인테리어도 20~30년 전의 분위기를 간직하고 있다. 시간을 뛰어넘어 맛있는 김치와 깔끔한 반찬이 식탁을 메우면 데인 요리 불고기가 나온다.

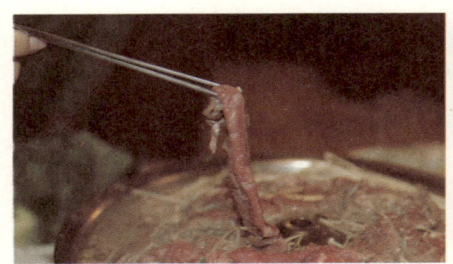 

옥돌집 전통불고기 한 젓가락과 푸짐한 상차림

가운데가 불룩한 둥근 화로의 경사면에 양념한—양념은 간장을 기본으로 하고 꿀과 과일즙을 넣어 고급스러운 단맛을 냈다고 한다—불고기를 올려놓고 먹는 서울식 불고기 그대로다. 고기를 집어먹고 나면 바닥에 깔리는 국물에 밥을 비벼먹는 것도 그렇다.

고기 맛 자체는 담백하고 씹는 맛이 있지만, 국물은 달착지근하여 밥 비벼 먹기에 좋다. 갈수록 고급화하고 세련되어가는 다른 불고깃집들을 뒤로 하고 시간을 거꾸로 돌려 불고기 전통의 맛을 보고 싶을 때 불현듯 찾아가는 집이다. 메뉴에서도 전통불고기라는 이름을 붙이고 있으니 역사와 맛에 대한 자부심도 살짝 엿볼 수 있다.

양념을 최소화하여 담백한 맛을 살린 광양불고기의 명가, 대한식당

풍성한 식탁과 아기자기한 손맛의 고장 전라남도, 이 지역의 불고기를 대표하는 광양식 불고기는 광양이 어디에 있는지 모르는 사람들에게도 익숙한 이름이다. 서울을 비롯한 대도시에도 광양불고기의 이름을 단 고깃집들이 꽤 많기 때문이다.

▲ 대한식당 사장님이 고기를 굽는 모습   ▶ 대한식당 외관

하지만 광양식 불고기의 맛은 역시 광양에 가서 맛보아야 한다.

　대한식당 배의순 사장에 의하면, 광양식 불고기의 출발은 1950년대 광양 읍내 정육점들이 쇠고기의 여러 부위를 연탄불에 구워 먹은 데서 시작되었다고 한다. 그러다가 고기를 더 맛있게 먹기 위해 단맛의 양념을 만들어 숯불에 구워 먹으면서 차츰 주변에 알려졌고, 1960년대 말에 상품화되면서 본격적으로 불고기 거리가 형성되었다. 대개 1980년대부터 1990년대를 거치며 전국적으로 소문이 나 많은 사람들이 광양불고기의 맛을 보기 위해 일부러 찾았고, 광양에 제철소가 건립된 이후에는 손님의 숫자도 꽤 늘었다.

　그러나 2000년대 이후 세대 교체가 되면서 불고기 거리의 몇몇 불고깃집들이 읍내 서쪽 서천변으로 옮겨 건물을 새로 짓고 내부 인테리어를 현대식으로 만들어 고급화하였다. 제자리를 지키고 있는 집들은 이제 서너 곳으로 줄었는데, 필자로

서는 옛집들이 더 정감이 가고 좋다.

 광양식 불고기는 일단 쇠고기의 등심, 목등심, 채끝살 등 고급 부위를 사용하는데, 간장을 기본으로 한 양념을 만들어 살짝 재웠다가 손님이 오면 바로 석쇠에 올려 숯불에 구워 먹도록 하고 있다. 불고기는 담백하면서 부드럽게 씹히는 맛이 좋다. 밑반찬은 광양 사람들의 요구에 따라 묵은 파김치가 나오는 것이 기본이라고.

 "저희 어머니께서 '최고의 맛은 성심을 다하는 손끝에서 나오는 맛'이라고 항상 강조하셨죠. 그래서 이를 따라 지금도 옛맛을 지키려고 노력하고 있습니다."

 대한식당 사장인 그의 말에는 맛에 대한 고집이 담겨 있다. 전통의 맛집들이 대를 이어가거나 자리를 옮겨 확장하는 과정에서 자칫 본래의 맛을 잃을 수도 있는데, 이 집은 자기 자리를 지키며 '기본'과 '초심'을 잃지 않으려 애쓰는 모습이 엿보인다.

풍성한 떡갈비 같은 달고 고소한 감칠맛, 언양기와집불고기

 언양 읍내에 들어서면 '시도 때도 없이' 동네 전체에 숯불 연기가 피어오른다. 읍내에만 30여 개를 헤아리는 불고깃집들이 고소한 양념 내음을 풍기며 손님들을 유혹하고 있다. 특히, 저녁때면 불이 난 듯 흰 연기가 골목골목의 밤하늘을 가득 채운다. 언양기와집불고기도 마찬가지. 강춘화 사장은 손님 챙기랴, 주방 들여다보며 지시하랴, 불고기 굽는 모습을 보며 고기 상태 확인하랴 바쁘고, 직원들은 고기 구우랴, 고기 접시 들고 다니며 손님 식탁 챙기랴, 주문 받으랴 바쁘다.

 "우린 평일이고 주말이고 만날 이런다. 정신 한 개도 없다."

 필자를 바라보며 빠른 경상도 말로 던지는 한마디가 전혀 과장이 아님을 알 수

▲ 언양불고기와 언양기와집불고기 내부　▶ 불고기를 굽는 사장님 모습

있다. 인상적인 점은 그 바쁜 와중에 직원들이 친절하게 손님을 응대하고 있으며, 알아서 척척 움직이는 모습이었다. 바쁜 일상에 익숙해져 있다는 느낌이다.

　언양은 일제 강점기부터 목초지와 푸줏간이 많았던 곳이라 쇠고기를 저렴하게 구입할 수 있었다. 이러한 쇠고기를 얇게 썰어낸 다음 양념하여 밥상에 올렸던 데서 언양식 불고기가 시작되었다고 한다. 하지만 지금 언양의 불고깃집들은 쇠고기의 등심을 포함한 각 부위를 썰어내어 다지고 섞은 후 양념에 재워 양면 석쇠에 얹은 다음 숯불에 구워낸다. 석쇠를 뒤집어가며 고기 덩어리를 숯불에 구울 때면 그 달콤하고 고소한 내음이 사방에 퍼져 식감을 자극한다. 고기 사이사이에 놓인 마늘과 양파들은 보기에도 좋고 먹기에도 좋다.

언양기와집불고기 외관

　언양기와집불고기는 언양 일대에서 제법 소문난 곳이고 양념과 고기의 조화가 빼어난 곳이라 식사 시간이면 손님이 끊이지 않는다. 기와집을 개조하여 만들었으며 마당의 휘어진 소나무가 음식점으로서의 기품을 갖추고 있어 보기 좋다. 단 조용히 맛을 음미하려면 식사 시간을 피해 가자.

Travel Tip

★ 옥돌집
- 주소 서울특별시 성북구 길음3동 1065
- 전화번호 02-988-8877~8878
- 홈페이지 없음
- 주차공간 집 앞에 15대 주차 가능
- 테이블 규모 120석 정도
- 곁들이면 좋은 서브메뉴 소등심, 차돌백이
- 휴무일 연중무휴
- 영업시간 10:30~22:00

|주변 볼거리| 대학로, 서울 성곽길, 창경궁, 종묘, 북서울 꿈의숲, 북한산

★ 대한식당
- 주소 전라남도 광양시 광양읍 읍내리 251-4
- 전화번호 061-763-0095
- 홈페이지 없음
- 주차공간 별도 주차장 없음. 식당 주변과 벽에 주차
- 테이블 규모 100석 정도
- 곁들이면 좋은 서브메뉴 소양구이, 소곱창구이
- 휴무일 연중무휴
- 영업시간 11:00~22:00

|주변 볼거리| 매화 정보화마을, 백운산자연휴양림, 광양 망덕포구, 순천만자연생태공원, 순천 선암사, 송광사, 낙안읍성민속마을

★ 언양기와집불고기
- 주소 울산광역시 울주군 언양읍 서부리 15
- 전화번호 052-262-4884
- 홈페이지 www.boolgogi.net
- 주차공간 집 앞과 옆에 주차공간 있음. 20여 대 주차 가능
- 테이블 규모 150석 정도
- 곁들이면 좋은 서브메뉴 한우 등심, 낙엽살
- 휴무일 연중무휴
- 영업시간 10:00~22:00

|주변 볼거리| 석남사, 자수정동굴나라, 작천정계곡, 대곡리 암각화, 천전리 선사유적지, 대왕암, 울기등대, 진하해수욕장

잊을 만하면 한 번씩
떠오르는 감칠맛

Menu 013

삼겹살

내촌참숯가마 삼겹살

두암식당 삼합

멜젓 찍어먹는 삼겹살

돈사돈 김치찌개

1960년부터 1980년까지 육체노동을 주로 했던 노동자들이 일을 마치고 술을 마실 때 값싸고 건강에 도움이 되는 삼겹살을 안주로 먹곤 했다. 그렇게 삼겹살은 '서민음식'으로 자리 잡았다. 요즘은 돼지고기가 쇠고기보다 비싸 전처럼 쉽게 사먹을 수 없지만 하지 말라면 더 하고 싶고, 없으면 더 먹고 싶은 것이 사람 마음. 그 감칠맛을 아는 사람이라면 잊을만 하면 한 번씩 떠오르고 찾게 되는 것이 삼겹살이다.

글★사진 이주영

출장을 마치고 집으로 돌아오면 사람이 간절해진다. 그 간절함의 크기는 집을 비웠던 기간에 비례한다. 출장 중에 일어난 소소한 이야기를 풀어놓을 누군가 그리워지면 난 으레 삼겹살이 생각난다. 정확히는 고기 한 점과 소주 한잔, 여럿이 어우러진 시끌벅적한 분위기가 생각난다 해야 맞겠지만 그 분위기를 상기시켜 주는 매개체가 내겐 삼겹살인 것이다.

삼겹살은 살과 지방 부분이 세 번 겹쳐져 있다고 해서 붙여진 이름이다. 갈비를 떼어 낸 부분에서 복부까지의 부위로 붉은 살코기와 지방이 세 겹의 막을 형성하여 풍미가 좋고 고소한 감칠맛이 있다. 잊을만 하면 한 번씩 저절로 생각나는 감칠맛. 그 맛엔 아련하게 떠오르는, 잊지 못하는 추억 같은 무언가가 있다.

고향인 대전에서는 삼겹살을 구워 먹은 후 그 불판 위 돼지기름에 구워진 신김치를 잘게 썰고 그와 함께 밥을 볶아 먹는다. 삼겹살에서 빠져나온 기름과 신 김치의 시큼함이 적당히 조화되어 밥과 볶아지면 금방 배부르게 삼겹살을 먹고 난 사람들도 숟가락을 쉽게 내려놓지 못한다.

한 번은 서울, 친구들과의 모임에서 볶아 주었더니 느끼할 것 같다고 난색을 표했던 친구들도 그 맛에 반해버렸다. 심지어 이렇게 밥을 볶아먹는 모습을 본 옆 테이블에서 종업원에게 메뉴인 줄 알고 주문하는 해프닝이 벌어지기도 했다.

삼겹살은 주로 구워서 먹지만 볶음, 편육 등으로 요리가 가능하고 베이컨 등으로 가공하기도 한다. 지방이 많아 다량 섭취 시 성인병에 노출될 수 있지만 쌈장, 양파, 마늘, 깻잎, 신김치 등과 함께 먹으면 지방 분해에 도움이 된다.

또한 먼지 또는 분진 등을 흡수하여 기관지나 폐의 오염을 막아 진폐증을 예방하며 삼겹살의 지방은 수은, 납 등의 공해물질을 체외로 배출시켜 해독작용을 하는 것으로 알려져 있어 지금도 회식이나 가족 단위 외식 메뉴로 사랑받고 있다.

건강과 입맛을 동시에, 내촌참숯가마

몇 년 전 겨울, 근처 스키장에 들렀다가 피로를 풀기 위해 찾았던 것이 이곳과의 인연이 됐다. 입구에 들어서면 저녁 무렵 시골 초가집 위로 연기가 피어오르는 풍경이 연상된다. 열어놓은 차 창틈으로 가마에서 참숯 구워지는 냄새가 스민다.

내촌참숯가마는 국내 최대 규모로 매일 한 가마에 12톤의 나무를 태워 1톤의 숯을 생산한다. 섭씨 1400도 이상에서 일주일 간 태운 후 식혀 만든 이곳의 백탄은 다른 곳에 비해 품질이 우수하다고 알려져 있

내촌참숯가마 삼겹살 상차림

다. 보통 높은 온도에서 태운 숯을 모래를 덮어 식히는 것과는 달리 진공 상태에서 식히기 때문인데 이렇게 하면 무게가 가벼우면서도 속이 견고해 숯을 태울 때 불이 잘 붙고 불꽃이 튀지 않는다고 한다.

참숯과 삼겹살이 무슨 상관인가 싶겠지만, 가마 안에서 잘 구워진 참숯향이 적당히 스민 고기의 식감은 가히 매력적이다. 은은한 참숯불에 잘 익은 고기는 싱싱하다고 느낄 만큼 쫄깃하다.

특히 가마에서 온몸이 흠뻑 젖도록 땀을 흘린 후 먹는 고기 맛이란. 먹어보지 않았으면 말을 하지 말라는 이물스런 말을 할 수밖에 없다. 삼겹살뿐만 아니라 감자나 고구마를 구워 먹는 것도 이곳만의 별미.

넓은 주차공간을 사이에 두고 숯을 구워내고 찜질하는 곳과 식당이 마주하고 있다.

▲ 내촌참숯가마 찜질방　▶ 내촌참숯가마 숯가마와 참숯

찜질복을 입고 그대로 식당을 이용할 수도 있어 편리하다. 가마 안에 참나무를 꽉 꽉 채워 넣어 생기는 열로 찜질을 하고 그 숯에 고기를 구워먹을 수 있는 것이다. 건강과 입맛을 동시에 잡을 수 있는 웰빙 여행이란 이런 게 아닐까.

무안의 별미 짚불삼합, 두암식당

이곳은 주변은 물론 타 지역에까지 맛으로 소문난 명가지만 외관은 참 허름하다. 제대로 된 안내판도 없이 50년째 입소문만으로 그 명성을 이어오고 있다. 50년 전 원조 할머니가 정육점을 하다가 개발한 짚불구이는 주변의 가게들에게까지 전파되어 이제 무안 5미(味)에 속하는 별미가 되었다.

짚불구이는 볏짚을 바닥에 놓고 불을 피운 후 얇게 썬 삼겹살과 목살을 끼워 직

▲ 짚불구이와 양파김치, 게장비빔밥 ▶ 짚불구이 굽는 모습 ▼ 각종 반찬과 삼합

화로 굽는다. 처음에 훅 불면 꺼져버릴 듯 약해보이던 짚불은 고기가 익으면서 떨어진 기름이 더해져 엄청난 화력을 낸다. 삼겹살 한 판을 1분 안에 먹음직스럽게 구워내기에 충분하다. 볏짚에 구워진 고기는 일반 불판에 구워진 고기보다 육즙이 풍부하고 구수하다. 삼겹살에 은은한 볏짚향이 배는데다가 숭숭 구멍 난 석쇠 사이로 적당히 기름이 빠져 맛도 일품이다. 석쇠 한 판에 1인분, 자리에 앉아 주문을 하면 바로 짚불에 구워진다.

삼겹살을 석쇠에 얹어 볏짚에서 순간적으로 구워내는 짚불구이는 양파김치와 칠게장을 만나 무안의 삼합을 이룬다. 짚불구이 삼합은 그 쌈이 중요한데 아삭한 양파김치와 구수하면서도 달착지근한 칠게장이 조화를 이룬다.

무안의 대표적인 농산물인 양파는 질 좋은 황토에서 자라 단맛이 강하다. 두암식당에서 무안양파로 직접 담근 양파김치는 아삭하면서도 시원하고 달큰하기까지 하다. 칠게장은 뻘게라고 하는 작은 게를 곱게 갈아 만든 소스로 이 역시 직접 개발했다고 한다. 짜지 않고 담백해 고기를 찍어먹는 장으로 부족함이 없다.

짚불구이는 2인분 이상 판매하며 1인분에 9,000원이다. 두암식당에서 개발한 칠게장에 비벼먹는 게장비빔밥도 이곳만의 별미다.

두께에 놀라고 육즙에 놀라는 돈사돈

돈사돈에는 다른 곳과 다른 콘셉트가 있다. 보통 돼지고기를 먹으러 가면 삼겹살을 사람 수에 맞춰 2인분, 3인분으로 주문하는데 이곳은 '근'으로 고기를 시킨다.

주문함과 동시에 근으로 썰어져 나오는 고기의 두께는 무려 4~5cm, 듬직한 고

돈사돈 가게 내부

기 덩어리를 통째로 은은한 연탄불에 구워 담백함은 살리고 기름기를 빼면서 육즙을 최대한 보존하는 것이 맛의 비결이다. 게다가 종업원들이 직접 처음부터 끝까지 먹기 좋게 구워주는 서비스를 제공한다. 손님이 가위와 집게에 손이라도 댈라치면 어느새 종업원이 달려와 뺏어든다. 단지 손님의 수고스러움을 덜어주기 위함이 아니라 전문적인 노하우로 고기의 육즙을 보존하기 위해서다.

돈사돈의 근고기는 제주에서 직접 잡은 질 좋은 돼지고기를 사용해 맛이 더욱 뛰어나다. 돼지고기의 느끼한 맛은 제주도 별미인 '멜젓(멸치젓갈)'으로 잡아준다. 제주의 음식에서 멜(멸치)은 큰 비중을 차지하는데 대멸(7.7cm 이상)이 멜젓의 원료가 된다.

'테우(나무나 대나무 따위의 일정한 토막을 엮어 물에 띄워서 타고 다니는 것, 떼의 제주 방언)'에

◀ 돈사돈 삼겹살에 소주 한잔 ▶ 돈사돈 김치찌개와 근고기

소쿠리를 달아 멜이 그물에 들어올 때까지 기다렸다가 그물을 순간적으로 걷어 올려 멜이 다치지 않으면서도 갓 부화한 작은 새끼들은 그물 사이로 자연 방사가 되는 현명한 방법을 이용한다.

신선한 멜젓은 비린내가 적고 짜지 않아 돼지고기가 익을 때 함께 끓여 익은 고기를 푹 찍어먹으면 고기 맛을 깔끔하게 만들어준다. 또한 멸치에 함유된 타우린 성분이 콜레스테롤 함량을 낮춰주는 작용을 하고 혈압을 잡아주어 동맥경화를 방지하는 데 도움이 되기도 한다.

육즙이 가득한 고기 한 점을 멜젓에 찍어 입에 넣으면 육지와 바다의 만남, 제주의 풍광이 눈앞에 펼쳐지는 듯하다. 근고기 400g에 24,000원, 600g(한 근)은 36,000원이면 주문이 가능하며 보통 한 근을 두 명이 넉넉하게 먹을 수 있다.

더불어 이곳의 또 다른 별미는 직접 담근 김치로 끓인 김치찌개. 칼칼하고 깔끔한 국물에 큼직큼직한 고기가 들어 있어 공깃밥과 함께 든든하게 식사를 마무리할 수 있다.

제주에 본점을 둔 돈사돈은 서울에 합정역과 영등포구청역 인근에 두 개의 매장을 가지고 있다. 이곳이 소문나면서 모 방송사의 예능 프로그램에서 제주 본점을 방문하기도 했으며 이곳을 모방한 가게들이 생기기도 해 난감하면서도 행복한 비명을 지르고 있다.

Travel Tip

★ 내촌참숯가마

- 주소 경기도 포천시 내촌면 소학리 118-41
- 전화번호 031-533-6477
- 홈페이지 없음
- 주차공간 100대 가능
- 테이블 규모 120석 정도
- 곁들이면 좋은 서브메뉴 이동갈비, 백반, 김치찌개, 된장찌개, 미역국
- 휴무일 연중무휴
- 영업시간 09:00~21:00
- 찜질방 이용료 대인 10,000원, 초등학생 4,000원

|주변 볼거리| 베어스타운, 평강식물원, 허브아일랜드, 산사원(술박물관)

★ 서울돈사돈

- 주소 서울특별시 마포구 합정동 426-5
- 전화번호 02-324-7575
- 홈페이지 없음
- 주차공간 20대 가능
- 테이블 규모 100석 정도
- 곁들이면 좋은 서브메뉴 김치찌개, 고추장찌개
- 휴무일 넷째주 일요일
- 영업시간 17:00~24:00(주말 14:00~22:00)

|주변 볼거리| 홍대거리, 신촌·이대거리, 홍대 프리마켓(매주 토요일 13:00~18:00)

★ 두암식당

- 주소 전라남도 무안군 몽탄면 사창리 697-2
- 전화번호 061-452-3775
- 홈페이지 없음
- 주차공간 50대 가능
- 테이블 규모 80석 정도
- 곁들이면 좋은 서브메뉴 오리탕, 토끼탕(겨울 한정)
- 휴무일 연중무휴
- 영업시간 10:30~21:00

|주변 볼거리| 무안생태갯벌센터, 회산 백련지, 무안 5일장(4, 9일), 용월리 백로와 왜가리 번식지

가장 서민적인 맛으로
지금까지 사랑받는 메뉴

Menu 014

순대

병천순대

용궁순대

병천순댓국

선지순대

우리나라는 지방마다 순대 속을 채우는 방법과 맛이 다르다. 병천순대, 백암순대, 아바이순대, 그리고 오징어를 이용한 오징어순대까지 그 종류도 다양하다. 그리고 그 지방에 가야만 먹을 수 있는 순대도 있다. 뽀얀 국물 속 담백한 순대가 가득한 순대국밥은 시골이나 도시를 막론하고 어느 장터에서나 허기진 장꾼들의 저렴한 한 끼 식사로 사랑받아온 메뉴다. 한국의 토속적인 맛을 제대로 즐길 수 있는 순대 명가를 족집게처럼 꼽아봤다.

글★사진 유철상

순댓국은 저렴한 한 끼 식사로 사랑받아온 메뉴다. 예로부터 배를 채우고 고기 맛을 전해주던 음식으로, 지역에 따라 순대를 만드는 방법과 맛이 다르다. 평안도와 함경도에서는 아바이순대를 만든다. 강원도에서는 돼지 창자 대신 오징어를 사용해 오징어순대를 만든다. 소는 쇠고기, 데친 숙주, 고추를 다지고 두부 으깬 것과 달걀을 섞고 파, 마늘, 깨소금, 후춧가루, 참기름으로 양념하여 오징어 몸속에 넣은 다음 실로 꿰매서 끓는 물에 삶거나 찜통에서 찐다. 다 익으면 식혀서 썰고 초장과 함께 대접한다. 그 외 충청도 병천순대, 전라도 암뽕순대 등 지역마다 특색 있는 순대가 있다.

순대를 만드는 방법은 다음과 같다. 우선, 돼지 창자를 뒤집어 깨끗이 씻고 소금으로 주물러 하룻밤 물에 담가 놓는다. 찹쌀을 충분히 불려서 삶고, 숙주도 데쳐서 다지고 물기를 꼭 짠다. 찹쌀밥을 식혀서 먼저 선지를 넣어 섞은 다음 준비한 채소를 섞고 갖은 양념을 한다. 이때 간은 된장·간장·소금으로 한다. 창자를 건져 물기를 닦고 깔때기를 대고 준비한 소를 밀어 넣어 채우고 양쪽 끝을 실로 묶고는 끓는 물에 된장을 풀고 순대를 삶는다. 30분 정도 지나면 대침으로 순대 곳곳을 찌르고 한 시간 정도 지나면 꺼내어 식힌 다음, 둥글게 썰어서 양념 소금과 함께 내놓는 것이 보통 우리가 즐기는 순대다.

그 지방에 가야만 먹을 수 있는 순대도 있다. 예천의 용궁면에서 만드는 용궁순대는 소창과 대창을 이용하는 다른 지역과는 다르게 막창을 사용해 순대를 만든다. 돼지 막창은 여러모로 경제성이 떨어진다. 같은 돼지의 부산물인 소창과 대창에 비해 나오는 부위가 적고 가격도 비싸다. 하지만 막창으로 만든 순대는 두꺼워서 삶아도 잘 터지지 않으며, 쫄깃하고 담백한 맛이 가히 상상을 초월할 정도다.

오랜 역사만큼이나 서민들의 애환이 진하게 스며들어 있는 음식 중 하나가 바로 순대다. 시장에서 김이 모락모락 나는 순대를 보면 군침이 절로 흐른다. 출출할 때나 술 한잔 생각날 때 떠오르는 가장 대중적인 간식이자 술안주다. 역사가 깊은 만큼 순대처럼 각 지역에서 특화되어 있는 음식도 드물다.

토속적인 맛을 느낄 수 있는 병천순대

천안 병천의 순대 골목에서 맛집을 손꼽으려면 머뭇거리기 마련이지만 휴일마다 줄을 서서 먹은 천안의 순대는 별미 중의 별미다. 돼지의 큰창자를 쓰는 함경도 아바이순대와 달리, 병천순대는 작은창자를 써서 특유의 누린내가 적다. 잘 손질한 소창에 배추, 양배추, 당면 등을 정성껏 넣어 만든 채소순대는 담백하고 쫄깃한 맛으로 수십 년 전부터 아우내장터를 찾는 사람들의 단골 메뉴가 되었다.

할머니에서 며느리, 손녀로 대를 이어 50년 넘게 아우내장터를 지켜온 순댓국집.

청화집 외관

원래 장이 서는 날만 문을 열었으나, 15년 전부터 매일 손님을 받기 시작했다. 원래는 간판도 없었으나 군청 직원이 '청화집'으로 식당 등록을 해주면서 본의 아니게 갖게 된 이름이다. 손으로 직접 만든 담백한 채소순대에 돼지뼈를 장시간 우려낸 뽀얀 국물이 지금까지 단골손님의 발길을 잡아끌고 있다. 걸쭉한 조껍데기동동주를 곁들이면 금상첨화지만 최근에는 맑고 달달한 한방동동주가 인기를 끌고 있다.

북녘에 함경도 아바이순대가 있다면, 남녘에는 병천순대가 있다고 할 수 있다. 양배추, 마늘, 양파 등 20여 가지 채소와 새우젓 등의 양념을 선지와 함께 비벼낸 것이 천안의 명물 전통 병천순대다. 그러나 특이하게도 유관순 열사가 독립만세를 외치던 아우내장터에는 수십 곳의 '순대 전문점'이 성업 중이다. 하지만 아우내장

◀ 병천 아우내장터 순대거리 ▲ 병천순댓국과 상차림 그리고 북적북적한 청화집 실내

터에 이처럼 많은 순댓국집이 몰려들기 시작한 것은 얼마 되지 않는다. 자타가 공인하는 원조집인 청화집이 문을 연 것은 50년 전. 하지만 15년 전까지만 해도 청화집은 장날에만 문을 여는 허름한 순댓국집이었고, 그나마 그 시절까지도 병천 시내의 순댓국집이라고는 이곳과 '충남집'밖에 없었다.

청화집과 충남집이 매일 손님을 받기 시작한 몇 년 후부터 몇몇 순댓국집들이 새로 문을 열었고, 본격적으로 들어서기 시작한 것은 외환위기 사태 이후다. 가뜩이나 더 어려워진 장꾼들 주머니 사정에 저렴한 순대와 탁주 한 사발은 고기를 구워 먹는 것만큼이나 맛있고 영양 만점인 메뉴로 자리 잡은 것이다. 병천순대는 한 접시에 8,000원, 순대국밥은 5,000원이고 포장도 가능하다. 일행이 있다면 병천순대에 쌀막걸리 한잔 곁들여 먹으면 금상첨화다.

용궁순대 상차림

막창을 이용해 쫄깃함이 살아 있는 용궁순대

잔치가 벌어지면 돼지를 잡기 마련인데, 돼지의 부산물인 내장을 이용해서 만드는 순대가 특히 맛이 좋았다. 이때 만들어진 막창순대는 대부분 손님 접대용으로 나갔고, 허드렛일을 하는 사람들은 대창으로 만든 순대를 먹거나 손님이 남기고 간 순대를 먹었다고 한다. 당시만 하더라도 먹을 게 귀하던 시절이라 돼지의 허파나 간도 구워 먹었다고 하니 어쩌면 순대는 당연히 만들어져야 했던 음식임이 틀림없다.

주변에서 식당을 내라는 권유도 있었지만 남편의 반대로 할 수 없었고, 어렵사리 생계를 유지해야 했다. 결국 둘째 며느리인 양옥자 씨가 시작한 것이 지금의 흥부네토종한방순대가 되었다. 현재 식당을 운영하는 양옥자 씨는 시어머니의 손맛

용궁순대를 써는 장인의 손길

과 양념을 아끼지 않는 넉넉함과 정성을 보고 망설임 없이 가게를 열었다고 한다. 지금도 시어머니 황해옥 씨는 순대 양념을 만드는 일만큼은 직접 참여하고 있다.

흥부네토종한방순대는 돼지 막창에 양배추, 찹쌀, 당면, 고추, 양파 등 10여 가지의 양념이 들어간다. 깻잎과 미나리도 곱창의 잡냄새를 없애기 위해 넣는다. 용궁순대는 15일에 한 번씩 만들고, 순대를 만든 다음 그 쫄깃함과 부드러움을 유지하기 위해 영하 30도에서 급속 냉동해 숙성시킨다.

용궁순대 한 접시를 시키면 가격에 비해 푸짐한 양과 꽉 들어찬 양념에 한번 놀라고, 맛을 보면 또 한 번 놀라게 된다. 두툼한 막창이 쫄깃쫄깃한 식감을 그대로 전해주고, 풍부한 양념은 막창이 터질 정도로 가득하다. 막창에 양념을 넣고 나면 명주실로 묶는데, 마치 두툼한 소시지를 엮어놓은 것 같다.

순대 위에 새우젓 조금과 정구지(부추)를 얹고 마늘과 고추를 같이 먹으면 제맛을 느낄 수 있다. 용궁순대는 잔칫집에서 즐거운 마음으로 먹었던 음식이다. 시간이 흘러 용궁면의 별미가 된 요즘도 풍부한 순대의 양이나 맛은 잔칫집에서처럼 미각을 만족시키는 즐거운 시간이 된다.

담양암뽕과 선지순대 상차림 그리고 순대국밥

선지의 맛을 살린 투박한 맛, 담양순대

　담양과 고창, 함평 일대의 순대는 맛이 특별하다. 충청도 이북은 순대에 채소나 잡채를 많이 넣는 것이 특징이지만 이곳의 순대는 선지에 채소를 조금 넣는 정도다. 순대를 만드는 방식은 비슷하지만 담양 일대의 순대는 선지의 맛이 강하고 입에 꽉 차게 커다란 것이 특징이다. 선지의 식감을 최대한 살리기 위해 대창을 사용하는 것도 특이하다.
　대나무 그릇에 순대가 나온다. 담양의 순대껍질은 자연산 곱창을 사용하기 때문에 씹을수록 쫄깃한 식감을 느낄 수 있다. 순대 속은 각종 채소와 더불어 선지가 가득하다. 담양순대의 특징은 바로 암뽕이 곁들여 나온다는 것. 암뽕은 돼지의 새끼보로 전라도에서 즐겨 먹는 음식이다. 고기가 연하고 씹히는 질감이 좋은 암뽕은 여름철 보양식으로 인기가 좋다.
　옛날대통순대는 담양의 특산물인 대나무에 순대를 내놓아 신선하게 느껴진다.

더불어 순댓국이 차려지는 밥상에는 특이한 반찬이 있다. 바로 부추다. 다른 지역에서는 보기 드문 반찬인데 이곳에서는 순대와 부추가 함께 나와 찰떡궁합을 이룬다. 선지가 가득찬 순대가 다소 팍팍할 수 있어 부추를 곁들여 먹는다.

부추는 기름장에 고춧가루를 살짝 버무린 것이 특징이다. 담양 일대의 순대 재료에는 대체로 곡류와 함께 비타민과 무기질이 풍부한 채소와 두부 등이 골고루 들어가기 때문에 영양이 담뿍 담겨 있을 뿐 아니라 선지가 훌륭한 철분 공급원 역할을 하기도 한다.

담양시장에 위치한 순대집은 관방제림 옆 천변에서 5일장이 서면서 더욱 유명해졌는데 둑방길을 따라 시장이 길게 형성되어 있다. 5일장은 원래 죽물시장으로 유명했는데 지금은 기계로 된 대나무 제품이 많이 나오면서 생활용품을 구입할 수 있는 장터로 변했다.

순대집은 천변길 바로 안쪽에 자리 잡고 있어 찾아가기가 쉽고 주차도 천변에 할 수 있어 편리하다. 관방제림에서 다리 하나만 건너면 곧바로 담양의 자랑 대나무숲을 거닐 수 있는 죽녹원이 있다. 죽녹원은 테마별로 숲길을 만들어 죽림욕을 즐길 수 있다. 금강산도 식후경이라는 말처럼 담양의 투박한 별미를 맛본 다음 가볍게 산책을 할 수 있는 것도 장점이다.

Travel Tip

★ 청화집
- 주소 충청남도 천안시 동남구 병천면 병천리 167-6
- 전화번호 041-564-1558
- 홈페이지 없음
- 주차공간 4대 가능
- 테이블 규모 40석 정도
- 곁들이면 좋은 서브메뉴 조껍데기동동주, 한방동동주
- 휴무일 연중무휴
- 영업시간 08:30~20:30

|주변 볼거리| 독립기념관, 유관순기념관, 광덕사, 독립기념관야영장

★ 흥부네토종한방순대
- 주소 경상북도 예천군 용궁면 읍부리 153-4
- 전화번호 054-653-6220 • 홈페이지 없음
- 주차공간 집 앞에 주차 가능
- 테이블 규모 60석 정도
- 곁들이면 좋은 서브메뉴 오징어 석쇠구이
- 휴무일 명절 당일
- 영업시간 08:00~22:00

|주변 볼거리| 예천천문우주센터, 석송령, 용문사, 회룡포, 황목근, 삼강주막마을

★ 옛날대통순대
- 주소 전라남도 담양군 담양읍 담주리 5-2
- 전화번호 061-381-1622
- 홈페이지 cityfood.co.kr
- 주차공간 천변주차장 이용
- 테이블 규모 40석 정도
- 곁들이면 좋은 서브메뉴 암뽕순대, 선지국수, 머리고기
- 휴무일 명절 당일
- 영업시간 08:00~20:00

|주변 볼거리| 죽녹원, 관방제림, 메타세쿼이아 가로수길, 대나무골테마공원, 담양온천, 금성산성

게장 ★ 구동관

곰치국 ★ 이신화

낙지 ★ 이민학

물회 ★ 채지형

민물고기 ★ 정철훈

복어 ★ 이겸

어죽 ★ 진우석

조개 ★ 김수남

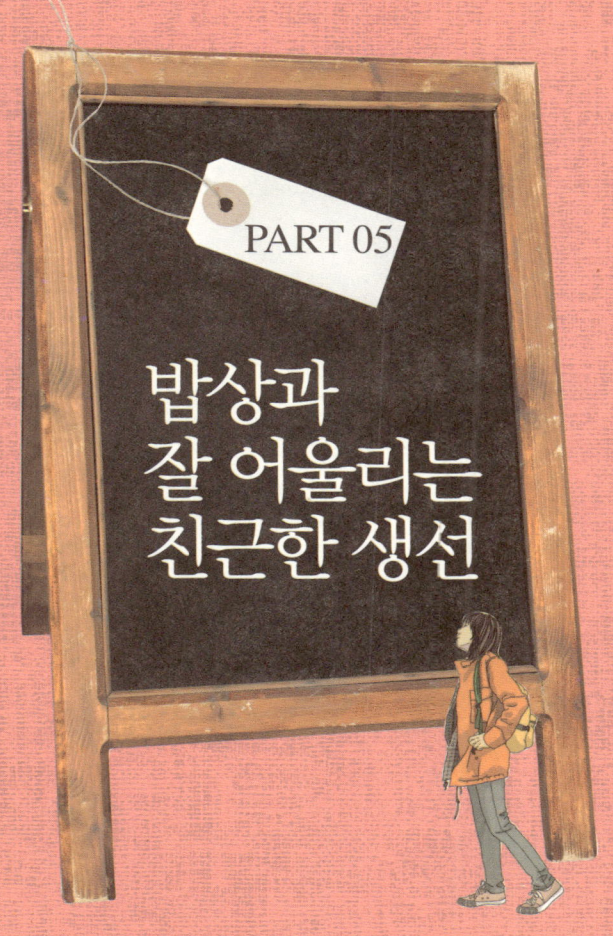

PART 05

밥상과
잘 어울리는
친근한 생선

밥도둑, 게장이 있어
우리 삶은 더욱 맛있다

Menu 015

게장

토담집 게장

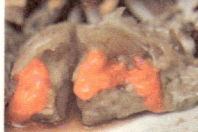
삼기식당 게장

황소식당 돌게 간장게장

황소식당 돌게 양념게장

음식은 삶이다. 수염이 석자라도 먹거야 양반이고, 평민도 먹어야 살아간다. 결국 음식은 삶의 한 과정인 셈이다. 우리는 살아가면서 다양한 음식들을 만난다. 그중에는 좋아하는 음식도 있고, 꺼리는 음식도 있다. 좋은 음식도 싫은 음식도 같이 할 수 있는 사람이 친구며, 가족이다. 식구라는 어원도 음식을 같이 먹는 것이다. 같은 상에 앉아 함께 먹는 음식을 통해 정이 쌓이는 게 인생이다.

살아가면서 음식은 많은 이야기들을 만들어낸다. 나와 우리 가족에게도 다양한 음식 이야기가 있다. 그중에는 재미있는 사연도 있고, 살아가는 지혜가 되는 이야기도 있다.

글★사진 구동관

나에게는 게장에 대한 선입견이 있었다. 바닷가와 가까운 곳에서 태어나 비린 음식들을 자주 접해서 생선이며, 해산물들을 맛있게 먹으며 자랐지만 유독 꺼리는 음식이 게장이었다. 게를 이용한 음식 중에서도 꽃게찜이나 매운탕은 잘 먹었지만, 게장만은 싫었다. 게장에 젓가락이 가지 않아도 밥을 먹는 데는 지장이 없었다. 게장은 그저 보조 음식이었다.

하지만 가끔 게장이 메인이 되기도 한다. 신입사원 시절, 서산 출장에서 만난 직장 선배가 귀한 음식을 먹자고 예약해 둔 식당이 게장 전문점이었다. 다른 음식은 존재하지 않았고, 오직 게장만 있었다. 맨밥을 먹든, 아니면 눈 딱 감고 게장을 먹는 수밖에 없었다. 어쩔 수 없이 '눈을 딱 감고' 게장을 먹었다. 조금은 주저하며 먹기 시작했지만, 시간이 지날수록 게장의 맛에 빠져들었다. 이런 음식을 내가 왜 먹지 않았을까? 게장이 밥도둑이라는 말을 실감할 수 있었고, 공깃밥을 추가 주문하여 밥을 모두 비웠다.

하지만 딸아이는 나와 정반대였다. 먹고 싶은데 못 먹는 상황이었다. 게로 만든 음식을 먹으면 알레르기가 생겼다. 그러던 어느 날 게장 선물이 들어왔다. 바닷가 근처에 사는 지인이 속이 꽉 찬 꽃게를 구했다고, 꽃게장을 담아 보내왔다. 딸도 그 꽃게장을 먹고 싶어 했다. 워낙 맛있는 꽃게장이라 딸에게도 먹도록 했다. 그동안 몇 번이나 그랬듯, 알레르기가 생기면 병원에 갈 생각이었다.

그런데 신기하게도 알레르기가 생기지 않았다. 그 꽃게장을 다 먹도록 딸아이는 괜찮았다. 이후 다른 꽃게 음식을 먹을 때도 알레르기가 생기지 않았다.

음식은 가끔씩 삶의 지혜를 주기도 한다. 꽃게장은 나에게 선입견에 대한 교훈을 주었다. 꾸준히 시도하여 체질마저 바꾼 딸에게는 열심히 도전해 성취를 이룬 일로 기억될지도 모른다.

꽃게 천지 안흥항이 지척이다, 토담집

예로부터 태안 안흥항의 꽃게는 살이 많고, 맛있기로 유명했다. 지금은 안흥항에서 연륙교로 연결된 신진도항에 꽃게잡이 배들이 드나들지만, 그곳에서 거래되는 꽃게들도 여전히 안흥항 꽃게로 불린다. 꽃게들이 가까운 바다로 모여드는 3월부터 금어기가 시작되는 6월 중순까지, 그리고 금어기가 끝나는 8월 중순부터 11월까지 신진도항은 꽃게가 지천이다. 11월 중순 이후에도 먼 바다까지 나가 꽃게를 잡기도 하지만, 태안 사람들은 가까운 바다의 꽃게가 살도 많고, 육질도 단단하다고 선호한다.

토담집 간장게장과 우럭젓국

맛있는 음식은 신선한 재료에서 출발한다. 맛있는 꽃게가 유통되는 대표적인 항구를 끼고 있는 태안군의 꽃게 음식도 당연히 맛이 좋을 수밖에 없다. 게장을 전문적으로 하는 식당들도 꽤 여러 곳인데, 그중 태안 사람들이 권하는 집은 토담집이다. 가건물 형태의 집이라서 소문난 집이 맞는지 두리번거리며 들어오는 사람들이 많다. 식당 안에도 특별한 장식이나 꾸밈이 없다. 흡사 단출한 가정집 같다.

토담집의 대표 메뉴는 간장게장이다. 알이 가득한 꽃게 게장이 비리지 않다. 짭짜름하면서도 달콤한 맛은 말 그대로 밥도둑이다. 토담집에서는 김과 함께 게장을 먹는다. 게장과 함께 굽지 않은 김이 나오는데, 김에 밥을 싸고 게장 살을 발라 얹

삼기식당 게장과 어리굴젓 상차림

어 먹으면 황홀한 맛 그 자체다.

   태안 지역의 특산물인 우럭으로 끓인 우럭젓국도 토담집의 특별한 매력이다. 꾸덕꾸덕 말린 우럭포로 끓인 우럭젓국은 비릿함은 없지만, 특유의 생선향이 강하다. 하지만 한번 맛보면 중독되는 특별한 맛이다. 대부분의 손님들은 게장과 우럭젓국을 반반씩 시킨다. 네 명이 함께 오면 게장 2인분, 우럭젓국 2인분을 주문한다.

꽃게장이 메인이 되었다, 삼기식당

   태안과 인접한 서산도 꽃게와 인연이 깊다. 서산시의 서쪽에 자리 잡은 대산은 공단이 조성되어 있지만, 1980년대까지만 해도 꽃게와 뱅어로 유명한 곳이었다. 지리적 조건으로 서산에도 꽃게 음식이 발달하였는데, 서산 사람들에게 꽃게 음식을 대표하는 식당을 추천하라면 대부분 삼기식당을 꼽는다. 삼기식당은 나에게 꽃게장의 맛을 알려준 곳이기도 하다. 앞서 언급한 직장 선배가 귀한 음식을 맛보게 해주겠다고, 예약해 찾아간 곳이 바로 삼기식당이었다.

　삼기식당의 게장은 40년의 역사를 갖고 있다. 물론, 우리나라에서 게장을 먹기 시작한 것이 1600년대 이전이니 400년이 넘는 그 역사와 비교하면 아주 짧은 기간이지만, 삼기식당의 게장 역사 40년은 특별한 의미를 가지고 있다. 삼기횟집을 운영하던 중, 반응이 좋았던 게장으로 전문점을 열었던 것이다. 그동안 메인 음식이 아닌 반찬으로만 나왔던 게장을 메인으로 하는 게장 전문점이 처음으로 탄생되던 순간이었다.

　삼기식당의 게장이 맛있는 이유는 3대를 이어오는 전통에 특별한 조리법도 더해지기 때문이다. 생굴을 소금에 절였다가 그 물을 받아 사용하는 것이 1차 숙성 과정이며, 3년 숙성된 어리굴젓으로 만들어진 간장을 이용하는 것이 대표적인 방법이다. 삼기식당에서는 게장에 함께 나오는 어리굴젓과 김칫국도 인기가 많다. 특히 김칫국은 굴이나 바지락을 넣어 얼큰하고 시원하다.

게장집들이 줄지어 있다, 여수 돌게장거리 두꺼비식당과 황소식당

　여수의 게장은 돌게장이다. 게장의 주재료를 다른 지역은 꽃게를 쓰는 것과 달리, 돌게를 사용한다. 돌게의 표준어는 민꽃게, 지역별로 박하지, 돌게 등으로 불린다. 돌게는 완전히 자란 등딱지의 크기가 9cm 내외로, 어른 손바닥의 절반 정도다. 얕은 바다 돌 틈에 살아 민물게와 바닷게의 중간 맛이 난다. 껍질이 두껍고 단단해 꽃게보다 먹기가 불편하지만 값이 저렴하고 두툼한 껍질에서 우러나는 단맛은 꽃게보다 맛있다.

　여수의 돌게장거리에는 여덟 곳의 게장 전문점이 성업 중이다. 어느 집이든 맛도 좋고 가격도 저렴하다. 그중에 사람들이 많은 곳은 두꺼비식당과 황소식당이다. 그

▲ 황소식당 돌게 양념게장과 돌게장백반   ▼ 황소식당과 두꺼비식당 입구

집에서는 식사 시간에 문밖까지 길게 줄을 서 있는 풍경을 자주 볼 수 있다. 다른 지역에서 꽃게 먹던 생각을 한다면 정말 싼 가격에 게장을 양껏 먹을 수 있다.

물론 게 자체가 작으니 먹기가 조금 번거롭기도 하지만, 요령이 생기면 꽃게와 다른 맛의 세계를 느낄 수 있다. 게장 그릇을 다 비운 사람들이 여기저기서 사장님을 부른다. "여기 게장 리필해주세요!" 그 소리에 빈 그릇 가득 게장이 채워진다. 세상에, 게장이 무한 리필까지 된다. 서로 하나라도 더 먹기 위해 눈치를 보지 않아도 되는 점이 돌게장거리 게장백반의 자랑이기도 하다.

돌게장거리의 게장백반에는 조기 매운탕도 함께 나온다. 그 매운탕만으로도 한 끼 식사가 거뜬하다.

Travel Tip

★ 토담집
- 주소 충청남도 태안군 태안읍 남문리 468-6
- 전화번호 041-674-4561
- 홈페이지 없음
- 주차공간 집 앞에 주차
- 테이블 규모 60석 정도
- 곁들이면 좋은 서브메뉴 우럭젓국
- 휴무일 연중무휴
- 영업시간 10:00~20:30(준비된 재료가 떨어지면 더 일찍 닫기도 함)

|주변 볼거리| 안면도자연휴양림, 안면암, 꽃지해수욕장, 천리포수목원, 만리포해수욕장, 태안마애삼존불, 신두리해안사구, 두웅습지

★ 삼가식당
- 주소 충청남도 서산시 동문동 936-10
- 전화번호 041-665-5392
- 홈페이지 www.gosamgi.com
- 주차공간 인근 유료주차장 이용
- 테이블 규모 80석 정도
- 곁들이면 좋은 서브메뉴 꽃게탕, 꽃게찜
- 휴무일 첫째, 셋째주 일요일
- 영업시간 11:30~21:00

|주변 볼거리| 서산 동부시장, 간월도, 간월호, 해미읍성, 개심사, 보원사지, 서산 마애여래삼존상, 용현자연휴양림, 삼길포

★ 두꺼비식당
- 주소 전라남도 여수시 봉산동 270-2
- 전화번호 061-643-1880~1
- 홈페이지 www.dugcobi.com
- 주차공간 집 앞에 주차장 있음
- 테이블 규모 100석 정도
- 곁들이면 좋은 서브메뉴 없음
- 휴무일 명절 연휴
- 영업시간 09:30~20:30

★ 황소식당
- 주소 전라남도 여수시 봉산동 268-12
- 전화번호 061-642-8007
- 주차공간 집 주변에 주차장 있음
- 테이블 규모 100석 정도
- 곁들이면 좋은 서브메뉴 없음
- 휴무일 명절 연휴
- 영업시간 09:30~20:30

|주변 볼거리| 오동도, 2012 여수세계박람회 홍보관, 여수진남관, 해양수산과학관, 돌산대교, 향일암, 이순신광장, 여수 수산시장

참으로 시원하구나!
세 번만 먹어봐

Menu 016

곰치국

곰치국

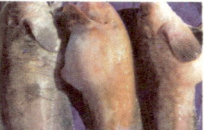
곰치

암곰치의 알

사돈집 상차림

쨍하고 맑은데 지나치게 건조해서 하늘에 손끝을 튕기면 얼음 깨지듯 깨져버릴 것 같은 그런 날, 동해 어시장을 찾곤 한다. 겹겹이 온 몸을 감싸고 서리 내린 입김을 내뿜는 난전 상인들의 물건 팔려는 강한 의지가 담긴 몸짓도 보고, 널브러져 있는 생선들을 보면서 '휴우'하고 긴 숨을 몰아쉰다. 동적인 것은 일상을 순간 윤택하게 해준다. 대게, 털게, 문어, 도루묵, 생태, 오징어, 심퉁이, 양미리 등 겨울에 잡히는 물고기들이 널브러져 있다.

그 생선 가운데 눈길을 끄는 '녀석'이 있다. 보기에도 못생긴, 살에 탄력조차 없어 보이는 마치 윤기 없는 내 피부와 같은 물고기 바로 '곰치'다.

글 ★ 사진 이신화

삶이 덧없이 느껴질 때가 있다. 일상에 지치고 힘들 때면 문득 바다가 그립다. 마른 하늘빛 사이로 총총히 별이 쏟아져 내리는 밤하늘을 만날 때나, 사그락사그락 겨울 바람에 휘날리는 눈보라가 도심의 가로등 불빛에 휘날릴 때면 바닷가를 찾아 가슴 시린 파도소리를 들으며 잠을 청한다. 그러고는 새벽별 보며 부스스 일어나 어시장을 찾는다. 부산스럽게 배를 타고 바다로 일 나가는 사람들의 몸짓과 조업을 마치고 돌아오는 배들의 움직임이 싱그럽게 다가온다.

추위를 녹이려 피워 놓은 양철 드럼통 속의 활활 타오르는 모닥불에 두손 바짝 펴고 불을 쬐기도 하고, 꿈틀대는 물고기들의 몸부림도 직접 보고 어시장의 경매 현장도 훔쳐본다.

심장이 요동친다. 문득 살고 싶다는 생각이 든다. 누군가 살고 싶으면 바다로 가고, 죽고 싶으면 산으로 가라고 했던 말이 맞는 걸까?

그러면서 밀려드는 허기. 전날 마신 술 탓에 해장을 간절히 원하는 아침이다. 으레 찾는 메뉴가 곰치국이다. 곰치는 지역마다 부르는 이름도 각양각색이다. 동해에서는 곰치, 물곰, 남해에서는 미거지, 물미거지, 서해에서는 잠뱅이, 물잠뱅이 등으로 불린다. 최근에는 물메기라고 많이 부르는데 표준어는 '꼼치'다. 지역마다 다르게 불러대니 도대체 헷갈릴 수밖에 없는 물고기다. 조선시대 정약전의 저서『자산어보』에는 해점어(海鮎魚)로 기록되어 있다. 점어는 메기를 일컫는다. 우리말로 하면 바다메기다. 해점어 항목 아래 속명으로 미역어로 기록하고 있다. 미역어는 남해 지방에서 현재 부르는 미거지와 유사한 발음인데 '소용되는 데를 알 수 없는 생선'이라 쓰여 있다. 그리고 "맛이 순하고 술병에 좋다"고 적어두고 있다.

단백질, 각종 비타민, 필수아미노산 등 풍부한 영양 성분을 함유하고 있고, 겨울철 감기 예방과 시력 보호, 당뇨병 예방이나 피부 미용에 효과가 있으며, 특히 지방이 적어 다이어트 식품으로도 그만이다. 한마디로 웰빙 물고기인 셈이다.

'수치'와 김치를 넣은 삼척 곰치국, 바다횟집

곰치국은 이제 대중화 되어가고 있다. 마니아들이 생길 정도로 중독성 강한 요리다. 어디가 맛있을까? 경험을 통해 몇 군데 추천해본다. 우리가 익히 알고 있는 곰치 원조 고장은 삼척이다. 삼척에서는 묵은지를 넣고 칼칼하게 끓이는 것이 특징이다. 그래서 물곰과 김치가 조합되어서 '곰치'가 되었다는 말도 전해진다.

필자가 곰치국을 처음 먹어본 지역도 삼척이다. 이른 아침, 전날 마신 술로 몸살 앓는 뱃속을 달래기 위해 정라항(삼척항)의 유명하다는 바다횟집이라는 식당을 찾았

바다횟집 상차림

다. 속풀이를 하려는 사람들로 실내는 웅성거린다. 몇 가지 반찬에 묵은지가 뒤섞인 곰치국 한 그릇이 플라스틱 국 사발에 차려진다.

세련미 없는 평범하고 조촐한 상차림이다. 고춧가루 듬뿍 들어간 김이 모락모락 피어오르는 한 그릇은 먹기만 하면 금세 해장이 될 것 같은데, 막상 먹으려니 비위 강한 내게도 쉽지 않은 도전이다. 뜨거운 물에 익혀 탄력 있는 생선살을 기대했건만 코처럼 흐물거리는 살덩이가 흉물스레하다. 흐물흐물한 곰치살을 젓가락으로 휘저으며 살점을 찾아보지만 달걀의 흰자나 순두부 같은 힘없는 살뿐이다.

뼈는 왜 이렇게 많은 거야? 혼잣말로 투정을 부리고 있다. 흐물거리고 형체 없는 물고기가 초보자에게는 거부감을 일으키고 있는 것. 그래도 국물 맛이 시원해서

일억조식당과 바다횟집 입구

먹고 나니 속이 편안해지긴 했지만 곰치국과의 첫 만남은 그다지 행복하지 않았다. 대신 그날 식당 벽면에 적힌 「정라진 곰치국」이라는 월천(月川) 이성진 님의 시구가 오랫동안 머릿속에 남는다.

파도 소리로 얼큰한 곰치국 정라진 사람들의 억양으로도 그 맛을 알 수 있다.
아랫데 어디선가 왔다는 홀애비 김서방 굽이굽이 해안선 따라 미련을 심었던가.
그의 가슴속에는 늘 사나운 파도가 쳤다. 그럴 때마다 짙은 욕을 했다.
한 번도 바위를 치지 않았다. 그럴수록 턱엔 수염이 해초처럼 돋았다.
물날이 셀수록 독한 소주와 얼큰한 곰치국으로 속을 풀었다.

곰치국은 주로 밤새 조업을 마친 어부들의 속풀이 해장용이었던 것. 어부들이 이렇게 되물을 것 같다. '너희들이 곰치국 맛을 알아? 우리처럼 목숨 걸면서 물고기 잡아봐. 우리들처럼 고달픈 삶을 한 치라도 느껴본 사람들만이 곰치국의 진가를 아는 거야'라고 말할 듯하다. '곰치국의 깊이를 알려면 세 번은 먹어봐야 제맛을 알 수 있다'는 말이 조금은 이해가 된다. 다시 말하면 곰치는 인생의 깊은 맛을 아는, 후숙된 맛을 내는 물고기다.

어쨌든 첫날의 거부감이 컸음에도 이상하리만큼 곰치국은 매력적으로 다가왔다. 으레 삼척에 가면 곰치국 잘하는 집을 찾곤 했는데 한 가지 공통점을 발견했다. 알이 밴 '암치'는 쓰지 않는다는 것이다. 임원항의 일억조식당에 들러 주인에게 물어보니 암치보다는 수치가 맛이 좋고 가격도 비싸다고 했다. 이 집은 곰치 생물이 잡히지 않을 때는 대구탕으로 대처한다.

'암치'와 무를 넣어 끓인다, 파도식당

강릉 주문진 수산시장 근처에 탕류를 잘 끓이는 파도식당이 있다. 이 집을 알게 된 것은 지역 토박이를 통해서였다. 그날 이후로는 으레 이 집을 찾곤 한다. 수산시장이 가까우니 생물을 쓰는 것은 당연지사. 생태탕, 도루묵찌개 등 다 맛이 좋았다. 몇 해 찾아다녔더니 그 사이 입간판도 바뀌고 실내도 개조했다. 주방을 맡고 있던 여주인 대신 지금은 아들이 카운터를 보고 있다. 이제는 2대가 대물려 식당을 이어가고 있는 듯하다. 잘되고 있는 듯 보여 필자 또한 안심이다.

파도식당의 곰치국

어느 날 곰치국을 시켰다. 1인분도 별 말없이 해주는 점도 참 좋다. 음식을 기다

영금정 일출

주문진의 어부들이 그물정리하는 모습

리는 동안 주방을 향해 묻는다. "요새 곰치 잡히는 철이 아닌데 어떻게 탕을 끓이죠?" "겨울에만 잡히는 것은 아니고 그날그날 시장에 가서 생물이 나오면 사와요." 겨울에 어획량이 가장 많을 뿐 타 계절에도 잡히는 것이다. 곰치알 내장과 흐물대는 곰치살에 사각으로 얇게 썬 무, 파만 넣은 맑은 탕. 고춧가루도 김치도 들어가지 않은 맑은 장국이다. 곰치 지리인 게다. 보글보글 끓는 냄비에 수저를 들고 국물 맛을 본다. 시원하다는 말이 절로 나온다. 생선살도 넉넉하고 밑반찬도 거부감 없이 맛이 좋다.

도대체 어떻게 하면 이런 국물 맛을 낼까? 냄비를 뒤적이며 연구를 해봐도 내 눈엔 그저 물에 무와 파를 넣어 부글부글 끓여내고 있을 뿐이다. 식당을 나오면서 또 주방을 향해 묻는다. 국물에 조미료를 넣느냐고. 단지 소금간만 한다는데 어떻게 그

▲ 파도식당 상차림과 사돈집 상차림   ▶ 사돈집 외관

런 시원한 맛이 나오는지. 머리에서는 자꾸 되묻는다. 분명 비법이 있을 거라고.

오로지 물곰탕만 파는 사돈집

또 어느 해 겨울, 속초 시내를 샅샅이 훑은 적이 있다. 그 결과, 오로지 물곰탕(곰치국을 이렇게 표현함) 한 가지만 한다는 사돈집을 찾아냈다. 식당에 들어가 자리에 앉아 있는데, 전날 술을 마신 듯한 남자 손님 몇몇이 테이블에 자리 잡고 식사를 하고 있다. 그들은 국물을 떠먹으면서 연신, '아 시원해'라며 감탄사를 남발하고 있다. 전날의 숙취를 한순간에 풀어내려는 듯한 감탄사다. 1인분 상을 시켰는데, 무

주문진 수산시장

엇보다 밑반찬이 푸짐하다. 생선조림, 나물 등 반찬만으로도 한 끼 식사는 하고도 남을 정도로 만족스럽다.

큰 냄비에는 푸짐하게 들어간 곰치살 조각이 흐물흐물 열기에 익어간다. 고춧가루를 넣어 붉은색을 띠지만 김치는 넣지 않는다. 고기도 주로 알배기여서 '암치'라는 것을 알 수 있다. 암치는 맛이 떨어진다고 하던데 내 입에는 알 씹히는 기분도 좋고 국물 맛도 시원하니, 암치든, 수치든 별다른 문제가 되진 않는다.

살코기가 많이 들어간 시원한 물곰탕에 맛난 반찬이 어우러진 사돈집의 물곰탕. 이쪽에 들를 일이 있으면 꼭 찾는 단골이 되었다. 생물이 떨어지거나 제철에 물고기가 많이 잡히면 대구탕이나 생태탕도 한다.

Travel Tip

★ **바다횟집**
- **주소** 강원도 삼척시 정하동 41
- **전화번호** 033-574-3543
- **홈페이지** 없음
- **주차공간** 집 앞에 주차 가능
- **테이블 규모** 60석 정도
- **곁들이면 좋은 서브메뉴** 활어회
- **휴무일** 둘째주 월요일
- **영업시간** 07:00~22:00

|주변 볼거리| 삼척어촌민속전시관, 새천년해안도로, 신흥사, 준경묘, 영경묘, 무건리 이끼계곡, 대금굴, 환선굴

★ **파도식당**
- **주소** 강원도 강릉시 주문진읍 주문리 270-36
- **전화번호** 033-662-4140
- **홈페이지** 없음
- **주차공간** 10대 가능
- **테이블 규모** 1층 52석, 2층 30석 정도
- **곁들이면 좋은 서브메뉴** 계절별 회, 탕류 다수 있음
- **휴무일** 연중무휴
- **영업시간** 07:00~21:00

|주변 볼거리| 주문진 수산시장, 소돌해변, 오죽헌, 강릉선교장, 허난설헌생가, 참소리축음기 에디슨박물관, 대관령박물관, 대관령 옛길, 국사당

★ **사돈집**
- **주소** 강원도 속초시 경랑동 133
- **전화번호** 033-633-0915
- **홈페이지** 없음
- **주차공간** 집 옆에 주차장 있음
- **테이블 규모** 18석, 75명 수용
- **곁들이면 좋은 서브메뉴** 대구탕
- **휴무일** 명절 연휴
- **영업시간** 평일 08:00~20:00, 주말 07:00~16:00

|주변 볼거리| 영금정, 설악산, 영랑호, 외옹치마을, 설악해수욕장, 청초호, 속초종합중앙시장, 조양동 선사유적지, 설악워터피아

은은한 숯향과 짭조름한
맛이 살아 있도다

Menu 017

낙지

낙지물회

낙지호롱

연포탕

박속밀국낙지탕

낙지가 잠자던 미각을 깨워줄 줄은 미처 생각 못했다. 낙지 자체가 맛이 있는지조차 확신할 수 없었기 때문이다. 무슨 맛이 있을까. 쫄깃쫄깃 씹는 맛에 몸에 좋다는 생각에 즐겨 찾는 게 아닐까. 그러니 매운 양념에 볶거나 갈비탕 국물이나 탁속을 함께 넣어 갈낙탕이니 박속밀국낙지탕을 내는 게 아닌가 싶다. 술안주로 산낙지를 찾는 건 짭조름한 낙지의 맛이 안주거리로 적당하니까 그런 것일 테고. 아무튼 이렇게 심심한 낙지가 오랫동안 잠들었던 아니 무시했던 나의 미각을 깨웠다. 무안에서 먹은 낙지 호롱 덕분이다. 덕분에 이제 나는 미식가가 되었다. 그리고 맛있는 음식을 탐하는 건 행복이자 불행이 교차하는 갈래길이라는 것 또한 깨달았다.

글 ★ 사진 이민학

정약전은 『자산어보』에서 낙지에 대해 '살이 희고 맛은 달콤하여 회와 국, 포를 만들기에 좋으며 사람의 원기를 돋운다'고 하였다. 이처럼 우리나라 사람들은 건강보양식으로 좋아하는데 반해, 서양에서는 낙지를 비롯한 오징어나 문어 같은 연체동물은 꺼린다.

낙지는 서남해안 갯벌에서 많이 잡힌다. 낙지를 잡는 방법에 따라 이름도 달리 부를 정도다. 통발에 게 같은 미끼를 넣어 잡으면 통발낙지, 배와 배 사이에 긴 줄을 늘어뜨리고 줄마다 낙지가 좋아하는 작은 게를 달아 잡는 주낙낙지, 그물로 잡으면 그물낙지, 뻘을 가래로 파서 잡으면 가래낙지, 호미 등 손으로 잡아내면 손낙지까지.

낙지가 맛있으려면 일단 뻘이 좋아야 한다. 뻘이 넓고 물살이 세지 않은 곳에서 잡은 낙지가 부드럽고 맛있다. 같은 뻘이더라도 낙지가 물에 나왔을 때 잡는 통발낙지나 주낙낙지보다 가래로 파서 잡는 낙지가 더 부드럽고 맛있다고 한다.

세발낙지는 발이 세 개가 아니라 다른 낙지에 비해서 작아서 그렇게 부른단다. 기절낙지는 살아 있는 세발낙지를 소금에 버무려 비비면 죽은 듯 축 늘어지기 때문에 그렇게 부른다. 소금에 비비는 건 뻘에서 잡은 낙지 흡판에 남아 있는 흙을 씻어내기 위해서다.

낙지는 몸통과 머리, 다리로 나뉜다. 사람들이 흔히 낙지 머리, 대가리라 부르는 통통한 부위가 사실은 몸통이다. 머리는 몸통과 발 사이에 눈과 깔때기 같은 입이 있는 부위다.

낙지 요리는 지방에 따라 다르다. 서산 등지에서는 박과 밀면을 넣어 박속밀국낙지탕을 주로 한다. 영암 독천낙지마을은 원래 우시장이 있던 동네라 갈비와 함께 내는 갈낙탕을 잘한다. 뻘이 좋은 무안은 어지간한 식당마다 연포탕을 낸다.

그런데 그 맛이 제각각이다. 맑게 내는 집도 있고 된장을 풀어 걸쭉하게 하는 집도 있다. 낙지호롱도 마찬가지다. 숯불에 구워 내는 집은 구로횟집 이후로 보지 못했다. 대부분 고추장 양념을 해서 쪄내고, 양념의 양도 다 제각각이다. 입맛에 맞는 집을 찾으려면 어쩌면 순례를 해야 할지도 모르겠다.

잠자던 미각이 눈을 뜨다, 낙지호롱

나는 내가 음식 맛을 잘 모르는 사람인 줄 알았다. 어디를 가서 뭘 먹어도 맛있다, 맛없다는 생각 자체가 들지 않았다. 음식은 때 되면 먹는 것이라고만 생각해왔다. 많이 먹는 편도 아니다. 적당히 먹고 나면 젓가락에 손이 가지 않는다. 사람들은 "입이 짧으니 그렇게 마르지"라고 은근히 타박을 한다.

이런 내가 맛집을 소개한다는 건 말이 안 된다고 생각했다. 때문에 기사를 쓸 때 되도록 '맛집'이라기보다는 '식사'라고 표기했다. 입맛이란 사람마다 다른데 모든 사람이 맛있어 하는 음식이 과연 있을까. 아는 사람들이 "왜 맛집 소개에 소극적이냐?"라고 물으면 "난, 미맹인가봐!"라고 대꾸하고 넘어갔다. 미맹의 정확한 뜻은 정상인이 느끼는 맛을 느끼지 못하거나 다른 맛으로 여기는 상태이다. 적당한 말은 아닌데 그런 변명으로 지냈다.

요즘은 그렇게 보낸 지난 세월이 참 분하다. 알고 보니 나도 맛있으면 맛있다는 말을 절로 하고 행복해 할 줄 아는 사람이었다. 전라남도 구안에 가서 낙지호롱을 먹고 나서 얻은 깨달음이다. 낙지호롱은 낙지다리를 나무젓가락이나 지푸라기 몇 가닥에 둘둘 감은 다음 양념장을 칠하고 불에 구운 음식이다. 지푸라기는 옛날 방식이고 요즘은 나무젓가락이 대세다.

낙지호롱과 낙지초무침 그리고 연포탕

제사상에는 기품 있는 음식을 통째로 올린다. 뼈대가 없는 낙지는 올라갈 수가 없었다. 그래서 생각한 것이 지푸라기로 뼈대를 삼아 숯불에 구워 올린 것이 낙지호롱이다. 돌아가신 어른들이 좋아하는 음식을 드리고자 하는 후손들의 갸륵한 마음이 빚어낸 음식일 테다.

지난해 봄 무안에 갔을 때 낙지호롱을 먹었다. 보는 순간 "어! 맛있겠다"는 말이 절로 나왔다. 실제로도 훌륭하였다. 연한 양념이 낙지의 짭조름한 맛을 해치지 않았다. 숯불에 구워 냈기에 숯향이 은은하게 배었다. 한마디로 감동이었다. 낙지를 이렇게 맛있게 요리할 수 있다니. 낙지로서도 죽음이 아깝지 않을 것 같았다. 한 사람 앞에 한 마리씩 나왔는데 남의 호롱까지 집고 싶은 마음을 간신히 참았다.

낙지호롱과 연포탕, 낙지물회가 나왔는데 모두 좋았다. 연포탕은 몸에 좋다니 절로 숟가락이 가고 물회는 처음 먹어봤는데도 시원하고 담백하였다. 처음 먹은 낙지호롱의 맛이 워낙 깊이 새겨지는 바람에 뒤이은 음식은 평가에서 손해를 봤을 수도 있다. 아무튼 낙지가 이렇게 맛이 있는 음식인 줄은 미처 몰랐다.

낙지호롱에 대한 감동은 미각에 대한 나의 편견을 깨뜨렸다. 나도 충분히 맛을 아는 사람이다. 다만 그렇지 않다고 여겼을 뿐이다. 이후로 음식을 먹으면 맛을 곰곰이 따져보기 시작했다.

세상에는 참 많은 맛이 있다. 그리고 맛이 있는 것과 없는 것이 분명히 존재한다. 그걸 느끼기 시작했다는 게 나에겐 특별한 사건이었다. 잠시나마 행복했다. 이윽고 불행이 시작됐다. 맛을 따지니 음식을 선택하기가 한층 까다로워진 것이다. 그렇지 않아도 입이 짧은데 맛있는 것까지 챙기려 하니 식사 시간마다 음식점 앞에서 배회하기 일쑤다.

산낙지, 세발낙지보다는 통통낙지인가보다

옛말에 더위에 지친 소에게 낙지 몇 마리를 썰어 짚에 섞어 주면 기운을 차린다고 했다. 가만히 생각해보면 나이든 어른들은 잊을 만하면 한 번씩 낙지를 사서 음식을 하였던 것 같다.

"목포 세발낙지가 네 마리에 만 원, 만 원입니다."

늦은 오후 출출할 때 들려오는 확성기 소리. 재빨리 나갔더니 트럭에서 낙지를 판다. 네 마리에 만 원이라니 기대에 부풀어 달라고 했다가 그만 실망했다. 이거? 낙지 맞아? 쭈꾸미 아냐? 손바닥보다 작은 낙지니 네 마리라고 해봤자 한입 거리로밖에 안 보였다.

"떨이니까 한 마리 더 드립니다. 나도 빨리 팔고 가야죠."

실망한 표정을 눈치 챘는지 주인이 재빨리 한 마리 더 담는다. 낙지를 가져와서 어떻게 해먹을지 생각했는데 선택의 여지가 없다. 얼마 되지도 않는 걸로 탕을 끓여 먹는다는 것 자체가 우스웠다. 도마에 놓고 탁탁 칼로 끊었는데 이게 의외로 만만치 않았다. 조그만 녀석들이 어찌나 몸부림을 치는지 나중에는 거의 다지다시피하였다.

너덜너덜해진 낙지는 횟집에서 파는 산낙지 한 접시와 너무나 다른 모습이다. 식구들은 손도 대지 않았다. 어차피 양도 얼마 되지 않아 혼자 먹었다. 며칠 후 본가에 갈 때 생각이 나서 낙지를 사갔다.

"아버지, 이거 세발낙지입니다. 좋은 거랍니다." 가느다란 낙지다리가 꿈틀거리는데 아버지는 흥 하고 코웃음을 치신다. "낙지는 본래 큼직해야지."

다음번에는 다리가 굵은 커다란 낙지를 사갔다. "낙지가 좋구나. 이래야 돼. 낙지는……." 굵은 낙지를 도마 위에 놓고 다져서 마늘과 참기름만 약간 넣고 먹었다. 지금은 세발낙지를 알아주는데 나이든 분들은 역시 그렇지가 않은 모양이다. 낙지

송계마을 갯벌체험

곰솥가든 기절낙지와 독천낙지골 갈낙탕 상차림

하면 다리가 굵고 큼지막한 놈이라야 좋다고 여기신다.

재료 본연의 맛이 참맛이구나!

나는 산낙지를 좋아한다. 낙지가 지닌 짭조름한 맛과 살짝 찍어 먹는 참기름의 고소한 맛이 좋다. 사람들과 식사를 하면서 두어 번 낙지철판구이라는 걸 먹어봤다. 대체 이걸 왜 먹나 싶었다. 고추장 양념 범벅에 맵기는 무지하게 매웠다. 매운맛으로 먹는다는데 굳이 낙지를 넣을 필요가 있을까 싶다. 그런데 사람들은 맛있다는 표정으로 먹는다. 맛에 대한 자신감이 뚝뚝 떨어졌던 게 이런 일 때문이었다.

음식 고수들의 이야기를 들어보면 재료가 지닌 본연의 맛을 살려야 한다고 한다. 내 취향과 딱 맞아 떨어진다. 그럼에도 불구하고 자신 없었던 건 세상에는 맛있다는 음식이 너무 많고 나는 그게 맛있는 건지 아닌지 긴가민가했기 때문이다. 낙지호롱으로 자신감을 되찾은 나는 나름대로 맛의 철학을 구축해가고 있다. 그리고 맛없는 음식을 맛없다고 말할 수 있는 용기도 생겼다. 미맹에서 순식간에 미식가로 등극한 셈이다.

내 맛에 대한 취향은 어머니로부터 시작됐다. 누구나 지극히 당연한 일일 것이다. 젖을 먹다가 처음 대한 음식, 철이 들 때까지 먹은 음식이 바로 어머니가 만들어주신 음식이 아닌가. 과수원집 딸이었던 어머니는 육류를 그다지 좋아하지 않았다. 쇠고기나 돼지고기는 특별한 상차림이 있을 때나 올라왔다. 닭백숙은 그나마 자주 식탁에 올랐다. 주로 미역이나 다시마 같은 해초류나 시금치 등 나물류, 멸치 같은 건어물 그리고 생선이었다. 지금 생각하면 웰빙 식단이었다. 문제는 정말 식재료 본연의 맛을 냈다는 것이다. 대체로 살짝 데치거나 생으로 내거나 삶거나 구우셨다. 양념이나 간을 극도로 절제하셨으니 맛은 밍밍하였다. 사실 나는 그런 줄도 모르고 먹었다. 외식을 자주 하는 아버지는 반찬이나 국이 왜 이리 싱겁냐며 화를 내셨는데 어린 나는 '어른이 웬 반찬 투정이람' 속으로 중얼거리며 그냥저냥 먹었다.

어머니의 손맛이 심심하다는 사실을 깨달은 건 대학교에 진학하고 나서였다. 친구들이 집에 몰려와서 자고 난 다음날이면 어머니가 아침상을 차려주셨다. 그런데 그 아침상을 받은 친구들의 표정이 늘 묘했다. 나중에 이런저런 옛이야기를 하는 나이가 됐을 때 '너희 집에서 밥 먹었잖아. 반찬 맛이 참 심심했어'라는 소리를 이 친구, 저 친구에게서 들었다. 아니 한번 다녀간 친구들은 죄다 그런 기억을 가지고 있었다. 그럴 때마다 한마디 했다. "니들이 멸치의 깊은 맛을 알아?" 물론 재료 본연의 맛이 다가 아닐 것이다. 재료들이 어울려 이뤄 낸 새로운 맛이 고수들이 추구하는 바가 아닐까. 그러나 그 경지가 어디 만만할까? 자연의 깊은 맛을 따라가려면 적어도 음식에 도통해야 한다고 생각한다.

이제 나는 당당하게 음식이 이렇다 저렇다 평을 하고 다닌다. 제멋대로 평이긴 하지만 음식 투정은 아니다. 나를 미식가로 거듭나게 한 낙지호롱에 거듭 감사드린다.

Travel Tip

★ 구로횟집

낙지호롱구이와 물회가 일품이다. 양념을 발라가며 숯불에 살살 구워야 하기 때문에 손이 많이 간다. 다른 집은 양념을 발라 찌기 때문에 구로횟집 같은 맛을 볼 수 없다. 한 시간 전에 미리 예약을 해야 제 시간에 맞춰 먹을 수 있다.

- 주소 전라남도 무안군 청계면 구로리 715-8
- 전화번호 061-453-1250
- 홈페이지 없음 · 주차공간 집 앞에 주차
- 테이블 규모 80석 정도
- 곁들이면 좋은 서브메뉴 낙지물회, 연포탕, 활어회
- 휴무일 연중무휴 · 영업시간 10:00~20:30

★ 곰솔가든

기절낙지로 유명한 집이다. 무안 뻘에서 잡은 가래낙지만 쓴다. 산낙지와 다를 바가 없어 보이는데 맛의 비결은 막걸리초를 넣은 양념장에 있다. 몸통은 따로 구워서 내는데 그 맛이 일품이다. 낙지와 함께 생고기를 낸다. 생고기와 낙지의 궁합 또한 찰떡궁합이다.

- 주소 전라남도 무안군 망운면 목동리 388-4
- 전화번호 061-452-1073 · 홈페이지 없음
- 주차공간 집 앞이 주차장임
- 테이블 규모 30석 정도
- 곁들이면 좋은 서브메뉴 낙지초무침, 생고기
- 휴무일 연중무휴 · 영업시간 09:00~22:00

|주변 볼거리|| 무안생태갯벌센터, 홀통해수욕장, 조금나루해변, 송계마을, 초의선사유적지, 회산 백련지

★ 독천낙지골

옛날에는 영암 독천까지 바닷물이 들어왔다. 갯벌에서 낙지가 많이 잡혀 일찍부터 연포탕을 잘하는 집이 많았다. 독천은 우시장이 있어 쇠고기도 풍부했고, 그렇게 탄생한 것이 갈낙탕이다.

- 주소 전라남도 영암군 학산면 독천리 177-9
- 전화번호 061-472-4115 · 홈페이지 없음
- 주차공간 집 앞에 차를 두 대 정도 세울 수 있고 천변에 공용주차장이 있음 · 테이블 규모 50석 정도
- 곁들이면 좋은 서브메뉴 낙지초무침, 산낙지
- 휴무일 연중무휴 · 영업시간 10:00~21:00

|주변 볼거리|| 월출산, 드갑사, 왕인박사유적지, 도기박물관

★ 신바다횟집

압해도 선착장에 있는 횟집이다. 회가 전문인데 연포탕도 맛있다. 뚝배기에 나오는 연포탕과 달리 끓여 먹을 수 있도록 냄비에 담아낸다. 새우와 조개 등을 넣고 물을 많이 넣어 끓이는데 해물탕 비슷하면서도 낙지의 부드러움도 맛볼 수 있어 좋다.

- 주소 전라남도 신안군 압해면 송공리 718-26
- 전화번호 061-271-1270 · 홈페이지 없음
- 주차공간 집 앞이 주차장이며 선착장 쪽이 공용주차장임 · 테이블 규모 100석 정도
- 곁들이면 좋은 서브메뉴 낙지볶음
- 휴무일 연중무휴 · 영업시간 08:00~22:00

|주변 볼거리|| 안좌도, 비금도, 자은도

한 그릇 가득
바다가 출렁이는구나!

Menu 018

물회

청보횟집 물회 한 젓가락

새포항물회식당 흰살생선물회

물항식당 자리돔물회

봉포머구리식당 모둠물회

나에게 물회는 알싸함이다. 입안에서 시원하게 퍼지는 청량감과 눅눅해진 정신을 활짝 펴주는 개운함을 동시에 안겨주는 알싸함이다. 바다와 멀리 떨어진 도시에서 유년 시절을 보낸 탓에 안타깝게도 회에 대한 추억은 거의 없다.

회를 언제 처음 접했는지는 가물가물하지만, 물회에 대한 첫 기억만은 분명하다. 입안에 바다가 가득 밀려드는 것 같던 황홀한 느낌, 물회를 시작으로 수많은 친구와의 만남. 물회를 처음 맛본 그날, 새로운 이야기가 펼쳐지기 시작했다.

글 ★ 사진 채지형

"물회라는 게 있는데 말이야. 바다에서 막 잡아 올린 자연산 가자미며 해삼이며 싱싱한 재료들에 상큼한 채소와 고추장을 넣고 슥슥 비빈 다음, 물을 스르르 부어서 자작하게 먹는 건데, 캬 얼마나 담백하고 신선한지 정말 맛있다구. 바닷가에 일 나가는 어부들은 꼭 고추장과 물을 챙겨 나갔데. 바다에서 일하다 보면 배가 고플 거 아냐? 그럴 때 막 잡아 올린 생선을 잡아 회를 친 후 고추장을 푼 물에 말아서 후루룩 마셨지. 그게 원조 물회야."

물회보다도 더 감칠맛 나는 물회 이야기에 동면 중이던 호기심이 벌떡 일어났다. 그러고는 내일 당장 그 물횟집에 가자고 서둘렀다. 친구는 안타까운 표정으로 나를 바라보며 물횟집은 차로 네 시간도 더 가야 하는 거리에 있다며, 진짜로 가고 싶냐고 재차 물었다. 네 시간? 나는 답을 하지 못하고 눈만 껌벅거렸다.

먹기 위해 먼 길을 여행하는 것이 나쁘다는 것은 아니지만, '단지 물회 때문에' 네 시간이 넘는 거리를 달려가는 것은 비효율적으로 보였다. 그러다 문득 비효율적이면 어떤가 하는 반문이 들었다. 안 해본 것을 해보는 것이 사는 재미 아니던가. 그렇게 해서 '통일 1번지'라는 확고부동한 고성의 이미지 대신 '물회의 고성'을 그리며 서쪽으로, 그리고 북쪽으로 향했다. 고성의 공현진항에 있는 물횟집으로 출발!

네 시간이 넘는 시간을 달려 아름답고 고요한 항구에 도착했다. 일출 촬영지로 유명한 늠름한 옵바위를 지나 소담한 횟집 2층에 자리를 잡았다. 상큼한 매력을 유감없이 발산하는 물회를 맛보면서, 지금까지 이 맛을 모르고 살아온 것이 억울하기까지 했다. 물회의 진정한 미덕은 횟감의 신선함과 맛있는 고추장에 있다며, 마치 물회 전문가라도 된 양 친구는 물회에 대한 설명을 이어갔다.

입안에서 매콤한 국물과 함께 사르르 녹는 회를 느끼다보니, 역시 물회는 바닷가에 직접 가서 먹어야 제대로 맛볼 수 있다는 말이 떠올라 나도 모르게 고개를 끄덕이고 있었다. 그리고 그날 물회와의 첫 만남에서 물회에 푹 빠져버렸다.

그런데 그날 빠진 것이 물회뿐만이 아니었다. 그전에는 보지 못했던 옆에 있는 친구의 매력이 눈에 들어오기 시작했다. 그리고 물회를 만난 그해 가을은 더욱 깊어갔다.

바다가 넘실거리는 물회 그리고 청보횟집

물회는 싱싱한 횟감에 상추와 깻잎 등의 채소를 넣은 후, 고추장으로 비빈 다음 물을 부어 먹는 음식이다. 철에 따라 가자미, 쥐치, 광어, 오징어 등 비린내가 적은 생선들이 횟감으로 주로 이용된다.

강원도 고성에서도 간성, 공현진해변에 있는 청보횟집의 물회에는 회만 사용하는 다른 물횟집과는 달리 멍게와 해삼, 개불, 성게와 같은 해산물이 가득 들어간다. 달지도 맵지도 않은 양념 맛이 한번 먹으면 자꾸 생각나게 하는 중독성을 가지고 있다. 청보횟집 앞에는 드넓은 바다가 펼쳐

청보횟집 물회 상차림

져 있으며, 근처에 가진항과 공현진항이 있다. 오징어를 비롯한 횟감이 싱싱하기 때문에 물회가 맛있을 수밖에 없다.

푸짐한 물회에 달팽이처럼 예쁘게 말아져 나오는 소면을 먹다보면, 배가 설악산만큼 불러오지만 결국 밥까지 말아 먹게 된다. 주인장의 인심도 이곳의 장점이다. 넉넉한 인심에 바다의 생선을 오물거리며, 철썩거리는 파도소리를 듣다보면 세상 부러울 게 없다. 강원도 여행을 계획할 때마다 통일전망대에 갈 것도 아니면서 자꾸 고성을 기웃거리게 만드는 집이다.

▲ 비가 내리는 청보횟집의 창밖 ▶ 먹음직스러운 물회 한 숟가락

25년 전통의 싱싱한 물회, 새포항물회식당

전국에서 '물회'로 가장 유명한 식당이다. 새포항물회식당은 물회 식당이 많은 포항에서도 원조집으로 꼽힌다. 이곳에서는 수족관에 살아 있는 물고기를 바로 회를 쳐서 물회를 만든다. 요즘은 다른 물횟집들도 새포항물회식당처럼 수족관의 고기로 만들지만, 싱싱한 고기가 귀하던 수십 년 전부터 살아 있는 고기를 바로 잡아 올려 유명해졌다.

싱싱함과 함께 이곳의 물회를 최고로 만들어주는 것은 비밀의 양념 고추장. 고추장을 1년 이상 숙성시켜서 맛이 깊다. 다른 지역은 물회에 초장이나 식초를 가미하는 반면, 이곳의 물회는 단순하게 고추장만 비벼 먹어도 맛있다. 물회를 처음 접하는 이에게는 친절하게 먹는 방법도 알려준다.

▲ 흰살생선물회와 등푸른생선물회 ▼ 새포항물회식당 메뉴판과 밖의 수족관

　우선 적당히 고추장을 넣고 골고루 비빈다. 그 다음 취향에 따라 물을 부어 먹는다. 회를 다 먹은 다음 소면을 말아 먹고 그 다음에 밥을 말아 먹는다. 뜨거운 밥을 처음부터 물회에 넣으면, 싱싱한 제철 회의 맛을 제대로 느낄 수 없기 때문에 주의해야 한다.
　새포항물회식당은 물회를 주문하면 매운탕이 함께 나온다. 사실 매운탕도 밥 한 그릇 뚝딱 비울 수 있는 맛이지만, 싱싱한 물회의 맛에 매운탕은 잊게 된다.
　오징어와 광어, 우럭을 넣는 흰살생선물회와 청어, 전어, 꽁치를 넣는 등푸른생선물회 두 가지가 인기다. 흰살생선물회가 대표적인 메뉴이고, 등푸른생선물회는 비교적 새로운 메뉴로 물회를 일상식으로 먹는 포항 주민들에게 인기가 좋다.

물항식당 입구와 자리돔물회 한 사발

된장양념을 하는 자리돔물회, 물항식당

제주의 물회는 다른 지역의 물회와 다르다. '된장'을 사용하고 '자리돔'이 주 생선으로 등장한다. 자리돔은 제주 사람들에게 효자 노릇을 톡톡히 하는 물고기다. 먹을 것이 많지 않던 시절부터 제주 사람들의 허기를 달래주고 영양을 공급해 준 생선이기 때문이다. 영양학적으로도 자리돔은 단백질과 칼슘이 풍부한 것으로 알려져 있다.

자리돔물회가 가장 사랑받는 시기는 여름. 아무리 더운 여름이라도 자리돔에 깻잎과 된장, 식초, 깨를 넣어 날된장으로 비빈 자리돔물회 한 사발 들이켜고 나면 가슴속까지 시원해진다. 제주 사람들은 예로부터 집에서 직접 자리돔물회를 만들어 먹었다. 제주에서 유년 시절을 보낸 이라면, 자리돔물회와 연결된 여름 추억 하나씩은 품고 있을 정도다.

자리돔물회가 다른 물회와 다르게 느껴지는 이유 중 하나는 된장이 주로 사용되기 때문이다. 제주에서 물회 양념으로 된장을 쓴 배경에는 육지보다 더운 제주의 날씨가 있다. 식중독의 위험을 줄이고 음식을 오래 보관하기 위한 지혜가 담겨 있

봉포머구리식당의 성게, 해삼 그리고 모둠물회

는 것이다. 그러나 요즘은 육지의 입맛에 맞춰 고춧가루가 더해진 물회도 어렵지 않게 볼 수 있다.

또 다른 점은 뼈와 껍질째 회로 만든다는 것이다. 그래서 육지에서 물회를 좋아하는 이라고 하더라도 자리돔물회는 생소하게 느끼기도 한다. 자리돔은 어린이 손바닥만 한 생선으로, 손질 여부에 따라 맛이 달라진다. 자리돔을 손질할 때는 먼저 내장이 있는 부분을 비스듬히 자른 후 사선으로 굵은 채썰 듯 썬다. 그래야 가시까지 모두 먹을 수 있다. 가시가 목에 걸릴까봐 조심스럽기도 하지만, 그것 때문에 찬찬히 씹다 보면 자리돔의 고소함이 한층 더 진하게 다가온다.

해산물이 가득하구나, 봉포머구리식당

예로부터 바닷속으로 들어가 물고기나 해산물을 채취하는 사람을 '머구리'라 불렀다. 주로 동해나 남해안 일대에서 사용되던 말인데, 해녀처럼 잠수하거나 산소통을 짊어지고 잠수하는 방식이 아닌 무거운 잠수복에 산소를 주입하는 공기호스를 달고 들어가는 잠수부를 말한다. 그러니 봉포머구리는 봉포의 잠수부라는 뜻이다.

봉포머구리식당에 들어서면 머구리 잠수복이 진열되어 있는데 이것으로 식당의 물회 성격을 그대로 전해준다. 주인 이광조 씨는 베테랑 머구리다. 30년 동안 수심 30m 속에 들어가 비단멍게, 해삼, 성게 등을 잡아왔다. 요즘도 날이 좋으면 바다에 나가 해산물을 건져낸다. 이곳은 회를 주재료로 하는 물횟집과 달리 물가자미나 오징어 이외에도 멍게, 해삼, 개불, 소라, 성게알 등 7~8가지 해산물을 넣는다. 여기에 매실액과 사과즙 등으로 맛을 낸다.

성게해삼 모듬물회를 주문하면 그 양에 놀란다. 이 많은 양을 언제 다 먹을까 싶지만 입안에 차곡차곡 쌓이는 바다 향에 숟가락이 멈추지 않는다. 바닥을 보는 데까지 그리 오래 걸리지 않는다. 여러 해산물들의 씹는 질감과 풍미가 각기 다르기 때문에 해산물을 좋아하는 이들은 종합선물 세트를 받은 기분이 들 것이다.

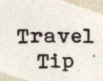
Travel Tip

★ 청보횟집
- 주소 강원도 고성군 죽왕면 공현진리 30
- 전화번호 033-631-2584
- 홈페이지 없음
- 주차공간 식당 앞에 주차장 있음
- 테이블 규모 30석 정도
- 곁들이면 좋은 서브메뉴 제철회
- 휴무일 명절 연휴 • 영업시간 24시간

|주변 볼거리|| 공현진해변, 송지호, 가진항, 왕곡마을, 거진항, 통일전망대

★ 새포항물회식당
- 주소 경상북도 포항시 북구 대신동 63-3
- 전화번호 054-241-2087
- 홈페이지 없음
- 주차공간 인근 공영주차장 이용
- 테이블 규모 100석 정도
- 곁들이면 좋은 서브메뉴 막회
- 휴무일 명절 연휴 • 영업시간 09:00~22:00

|주변 볼거리|| 포항죽도시장, 호미곶, 구룡포, 내연산, 오어사

★ 물항식당
- 주소 제주특별자치도 제주시 노형동 917-7
- 전화번호 064-753-2731
- 홈페이지 없음
- 주차공간 식당 앞에 주차장 있음
- 테이블 규모 100석 정도
- 곁들이면 좋은 서브메뉴 갈치조림, 한치 물회 등
- 휴무일 명절 연휴 • 영업시간 09:00~22:00

|주변 볼거리|| 용두암, 용연공원, 제주 목관아, 제주향교

★ 봉포머구리식당
- 주소 강원도 속초시 영랑동 148-58
- 전화번호 033-631-2021
- 홈페이지 없음
- 주차공간 10대 정도 가능
- 테이블 규모 100석 정도
- 곁들이면 좋은 서브메뉴 성게알밥, 뼈째 썬 생선회
- 휴무일 연중무휴 • 영업시간 09:00~21:00

|주변 볼거리|| 영금정, 아바이마을, 영랑호, 청간정, 대포항

까칠한 입맛 잡아주는
삼총사 납시오

Menu 019

민물고기

외장황토못메기 메기매운탕

산수장가든 참붕어찜

쏘가리쓸개주

비원쏘가리 쏘가리매운탕

농경을 시작하기 전까지 민물고기는 인류에게 더없이 소중한 식량 자원이었다. 인류의 먹이활동 중 수렵만큼 중요한 비중을 차지했던 것이 천렵이라는 사실이 이를 증명한다. 천렵은 말 그대로 하천 등지에서 민물고기를 잡는 행위를 뜻하는데, 강이 많은 우리나라에서 천렵은 친숙한 어로활동이었다. 일부 지역에는 지금까지 천렵을 놀이로 즐겼던 풍습이 남아 있을 정도다. 민물고기를 이용한 다양한 요리가 발전해 올 수 있었던 것도 이와 무관하지 않을 터다.

글★사진 정철훈

인류는 언제부터 민물고기를 식용으로 활용했을까. 아마도 인류가 지구에 모습을 드러내는 그 순간부터가 아닐까 싶다. 그만큼 민물고기들은 인류에겐 친숙한 먹을거리 중 하나였다.

고대 중국에서는 오래전부터 민물고기를 식용해 온 것으로 알려져 있다. 5만 년 전 고대 중국의 일부 민족은 장어를 식량으로 활용한 뒤 그 뼈를 장신구로 사용했으며, 1만 년 전에는 민물고기를 소금에 절여 보관하는 염장기술까지 개발했던 것으로 알려졌다.

물론 그 이전에도 민물고기를 식량으로 활용한 인류는 존재했겠지만 지금껏 남아 있는 유적과 기록에 의하면 그렇다는 얘기다. 이렇듯 민물고기는 인류의 역사에서 빼놓을 수 없는 중요한 먹을거리 중 하나였다.

우리나라에도 민물고기를 이용한 요리가 다양하게 전해져 온다. 민물고기는 특히 탕으로 먹는 경우가 많았는데, 조선시대 문헌인 『규합총서』에도 송어탕, 잉어탕, 메기탕 등 민물고기를 이용한 조리법이 제법 등장한다.

민물고기를 이용한 요리는 세월따라 그 모습이 많이 바뀌어 왔다. 탕 위주로 이뤄지던 요리에 찜이 추가되고 또 몇몇 어종은 회로도 먹는다. 그 대표선수를 꼽자면 메기와 붕어 그리고 민물고기의 제왕으로 불리는 쏘가리가 아닐까 싶다.

못생겨도 맛과 영양은 최고, 외정황토못메기

거무튀튀한 빛깔에 두루뭉술한 몸통, 넓적한 얼굴 위로 툭 불거져 나온 수염까지. 메기는 참 볼품없는 물고기다. 하지만 생김새와는 달리 예로부터 훌륭한 보양식으로 대접받아왔다. 특히 생활이 팍팍했던 서민들에겐 메기처럼 좋은 보양식도 없었다. 비늘 없는 생선이라 양반들이 꺼렸던 것도 이유지만 그보다는 뛰어난 생명력으로 강과 저수지 어디에서든 손쉽게 구할 수 있었기 때문이다.

겉모습으로만 따지자면 메기는 참 매력 없는 물고기다. 잉어처럼 멋진 비늘이 있는 것도 아니고, 장어처럼 미끈한 몸매를 가지지도 못했다. 그래서 체면을 중시했던 양반들은 메기를 멀리했다. 한데 그 면면을 들여다보면 잉어의 멋진 비늘도, 장어의 미끈한 몸매도 부럽지 않을 만큼 맛과 영양을 두루 갖추고 있는 게 메기다.

메기는 붕어나 피라미 등 여느 민물고기와 달리 비린내가 거의 없고 영양도 풍부하다. 저칼로리 고단백 식품이니 성인병을 예방할 수 있고, 칼슘, 철, 비타민A, 비타민B 등이 풍부하니 성장기 어린이를 비롯해 임산부와 환자들의 보양식으로도 손색이 없다. 또한 '메기가 대나무 꼭대기를 뛰어 오른다'는 옛말처럼 힘이 좋아

▶ 오색토를 먹고 자란 외정황토못메기는 연녹색의 피부 색깔부터가 다르다
▶ 외정황토못메기의 대표 메뉴인 얼큰한 메기매운탕

외정황토못메기는 토막을 내지 않고 칼집만 조금 넣은 채 조리한다

허약해진 기운을 보하고 정력을 증진시키는 데도 도움을 준다. 말 그대로 남녀노소 누구나 즐겨 먹을 수 있는 최고의 보양식이다.

의성군 다인면 외정리는 일제강점기 이전까지 산정(山井)마을이라 불리던 곳이다. 산 위에서 맑은 물이 난다고 해서 붙여진 이름답게 마을에는 크고 작은 저수지가 여럿 있다. 그중에서도 큰말못이라 불리던 대조지(大鳥池)는 1600년경 마을로 들어온 천장군 형제가 만든 못이라는 설화가 전해오는 곳이다.

외정황토못메기의 김동수 사장은 이곳에서 지난 20여 년간 메기를 양식해오고 있다. 오랫동안 마을의 농수였던 이곳을 김동수 사장이 메기양식장으로 사용할 수 있었던 건 안동댐이 생기면서 만들어진 수로 덕이었다. 수로를 따라 마을 구석구석까지 농수가 흘러드니 더 이상 대조지에서 물을 끌어다 농사를 지을 필요가 없었다. 결국 마을에서 관리하던 대조지가 공매에 나오게 됐고, 이를 김동수 사장이 매입해 지금껏 메기양식장으로 활용해오고 있는 것이다.

대조지는 오래전부터 물고기 맛이 좋은 저수지로 유명했다. 동네 사람들은 물고기 맛으로 치면 의성에서 큰말못만한 곳이 없다고 입을 모은다. 김동수 사장도 어린 시절 친구들과 이 대조지에서 물고기를 잡아 매운탕을 끓여 먹던 추억이 있다. 갓 잡아 올린 메기며 붕어를 한데 넣고 보글보글 끓여 먹던 매운탕 맛을 지금도 잊을 수 없다고 한다. 당시만 해도 물이 좋아 그러려니 했는데, 세월이 흘러 손수 메기양식을 하면서 알게 된 맛의 비밀은 따로 있었다. 바로 흙이었다.

대조지의 바닥은 온통 황토로 이뤄져 있다. 아니 조금 더 정확히 얘기하면 오색토로 이뤄져 있다. 철분을 함유하고 있는 황토가 온통 붉은색을 띤다면, 철분 외에 다양한 광물질을 함께 품고 있는 오색토는 붉은색, 검은색, 하얀색, 푸른색, 노란색의 흙이 한데 뒤엉켜 있다.

귀한 흙에서 자란 메기인 만큼 대조지에서 양식한 메기는 그 때깔부터가 남다르다. 피부에선 반질반질 윤이 나고 몸통은 옅은 녹색을 띤다. 일반 메기에 비해 탱탱한 육질도 특징 중 하나다. 그래서 매운탕을 끓여내도 살코기가 흐트러지거나 물러지지 않는다. 메기매운탕을 끓일 때 몸통을 토막 내지 않고 칼집만 조금 낸 상태로 조리하는 것이 그 이유다.

산수장가든에서는 경천저수지에서 잡은 참붕어만을 이용한다

완주 8미의 대표주자 참붕어찜을 맛보다, 산수장가든

전라북도 완주군 화산면에서 빼놓을 수 없는 게 바로 참붕어찜이다. 예로부터 화산면 경천저수지는 참붕어가 많이 잡히는 곳이다. 토종 참붕어를 낚는 것도 좋겠지만 자연산 참붕어로 만든 요리를 맛보는 것은 더욱 즐거운 일이다. 붕어는 매운탕으로도 먹지만 제맛을 즐기는 방법은 찜으로 먹는 것이다. 붕어는 일종의 보

양요리라고 봐도 좋다. 몸이 허약해졌을 때 먹으면 좋고, 위장 기능을 강화하는 데 도움을 주므로 몸조리에도 그만이다.

경천저수지 바로 곁에 있는 화산면 소재지에 붕어찜을 하는 식당들이 몇 군데 있다. 그 가운데 완주군에서 전통 향토음식으로 지정된 곳 중 추천 1순위로 꼽히는 곳이 바로 산수장가든이다. 산수장가든의 대표 메뉴는 두말할 나위 없이 참붕어찜. 메기매운탕이나 토종닭 등 다른 메뉴도 있지만 이 집을 찾는 사람들 대부분은 참붕어찜을 주문한다.

참붕어찜에 들어가는 재료 중에 붕어만큼 중요한 것을 꼽으라면 바로 시래기다. 무청을 말려 시래기를 만드는데 이 시래기를 마련하기 위해 늦가을부터 초겨울까지 한바탕 난리를 치르곤 한다고. 이 시기에 식당을 찾으면 마당이며 텃밭 등지에 가득 널린 시래기 더미를 볼 수 있는 이유다. 인근 농가에서 무를 사다가 무청은 잘라 시래기를 만들고, 남는 무는 음식에 넣기도 하고 비닐봉투에 서너 개씩 넣어 식사하러 온 손님들에게 선물삼아 주기도 한다. 어차피 식당에서 쓸 수 있는 무는 한계가 있으므로 이걸로 손님들에게 인심을 베푸는 것인데, 식당 이미지 상승에 좋은 효과를 주고 있다.

참붕어찜 1인분에는 손바닥만 한 크기의 붕어 두 마리가 고스란히 들어간다. 거기에 푸짐하게 담아내는 시래기와 감자, 무, 대파, 통마늘이 듬뿍 들어가 맛의 깊이를 더한다. 물론 갖은 양념으로 맛을 낸 양념장도 빼놓을 수 없는 일등공신이다. 어디 양념뿐이랴. 30~40분을 온전히 끓여내야 하는 정성도 이만저만이 아니다. 이렇게 조려낸 참붕어찜은 매콤한 맛이 일품이다. 민물고기 특유의 비린 맛도 전혀 비치지 않는다. 긴 시래기를 자르지 않고 그대로 넣는 것도 재미있다. 붕어는 통째로 넣기 때문에 가시를 잘 발라가며 먹어야 한다. 붕어살 한 점에 시래기 한 가닥을 걸쳐 먹으면 그 맛이 기막히다. 양념이 쏙쏙 들어간 감자와 무도 별미 중에 별미.

쏘가리는 회나 매운탕으로 먹지만 요리를 먹은 뒤 맛보는 쏘가리쓸개주도 빼놓을 수 없다

다 먹은 양념에 밥 한 그릇 쓱쓱 비벼 먹으면 금세 사라진다.

15년 고집이 빚어낸 단양쏘가리의 맛, 비원쏘가리

충청북도 단양의 비원쏘가리는 15년째 쏘가리 요리를 전문으로 하는 곳이다. 이곳이 15년 동안 한결같은 맛을 지킬 수 있었던 것은 남한강에서 갓 잡아 올린 신선한 쏘가리와 여기에 더해지는 비장의 무기, 된장소스 때문이다. 음식 맛은 그 기본이 되는 각종 장류에 있다는 믿음에 이곳에서는 된장은 물론 간장, 고추장 등도 직접 만든 것만 사용한다. 그러다 보니 인근 식당과 차별화된 맛을 유지하면서도 오래도록 사랑받을 수 있었다.

쏘가리 요리의 최고봉은 역시 싱싱한 회다. 민물고기를 회로 먹는 경우는 드물지만 1급수에서만 사는 쏘가리는 없어서 못 먹을 정도로 미식가들 사이에선 사랑받는 음식 중 하나다.

쏘가리회는 육질이나 맛에서 웬만한 바닷고기와 비교해도 전혀 손색이 없다. 특히 육질은 조금 과장을 보태 과일을 씹고 있다는 착각이 들 정도로 아삭거린다. 거기에 민물고기 특유의 비린 맛도 전혀 없는데, 이는 쏘가리가 비늘이 없는 보호색 어종이기 때문이다. 이처럼 쏘가리회는 아무런 양념 없이 그냥 먹어도 맛있지만 비원쏘가리에서는 특제 소스라 불리는 된장소스를 빼놓을 수 없다. 일단 상추에 쏘가리 회 한 점을 올리고 거기에 비장의 카드라 할 수 있는 된장소스와 다진 마늘을 조금 올려 입으로 가져간다.

깊이 생각할 것도 없다. '회 맛이 거기서 거기지'라고 생각하는 사람이 있다면 쏘가리회는 꼭 한번 먹어보라고 권하고 싶다. 여기에 덤으로 따라오는 '쏘가리쓸개주'도 잊지 말고 맛봐야 할 특별 코스. 과학적으로 증명된 것은 아니지만 민간에서는 웅담과 맞먹을 정도로 귀한 대접을 받고 있는 게 바로 쏘가리의 쓸개다. 허준의 『동의보감』에도 소화기나 비위 기능이 떨어지는 사람에게 쏘가리 쓸개를 약재로 사용했다는 기록이 나온다. 쏘가리회를 먹을 때는 가능하면 초장에 찍어 먹지 않는 게 좋다고 한다. 초장의 신 맛이 쏘가리회 고유의 맛을 떨어뜨리기 때문이다.

회를 뜨고 난 나머지 부위로 끓여내는 쏘가리매운탕도 빼놓으면 섭섭하다. 워낙에 귀한 고기라 푸짐한 살코기를 기대할 수는 없지만 그래도 쏘가리 특유의 맛을 즐기기에는 부족함이 없다. 밀가루 반죽을 적당한 크기로 뜯어낸 수제비도 쏘가리매운탕에선 없어서는 안 될 숨은 공신. 수제비는 얼큰한 국물과 함께 더없이 좋은 먹을거리이기도 하지만 그 외에도 민물고기의 비릿한 맛을 없애주고 생선의 잔뼈를 무르게 하는 효과도 있다고 한다. 비원쏘가리에서는 수제비로 사용하는 밀가루 반죽을 하루 이상 숙성시키기 때문에 그 맛이 무척이나 쫄깃하고 부드럽다.

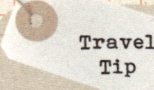

Travel Tip

★ **외정황토못메기**
- 주소 경상북도 의성군 다인면 송호리 315-4
- 전화번호 054-861-9965
- 홈페이지 www.megida.com
- 주차공간 집 앞에 주차 가능
- 테이블 규모 60석 정도
- 곁들이면 좋은 서브메뉴 메기불고기
- 휴무일 연중무휴
- 영업시간 09:00~21:00

|주변 볼거리| 고운사, 의성 제오리공룡발자국화석 산지, 금성산고분군, 의성 탑리오층석탑, 산운마을, 금성산, 빙계계곡, 한국애플리즈

★ **비원쏘가리**
- 주소 충청북도 단양군 단양읍 상진리 1013
- 전화번호 043-421-5000
- 홈페이지 www.dyb1.kr
- 주차공간 전용 주차장 있음
- 테이블 규모 300석 정도
- 곁들이면 좋은 서브메뉴 더덕정식
- 휴무일 명절 연휴
- 영업시간 08:00~20:00

|주변 볼거리| 고수동굴, 북벽, 금수산, 칠성암, 일광굴, 죽령폭포, 도담삼봉, 온달산성, 사인암, 석문

★ **산수장가든**
- 주소 전라북도 완주군 화산면 화평리 125
- 전화번호 063-263-5078
- 홈페이지 없음
- 주차공간 50대 정도 가능
- 테이블 규모 야외 150석, 실내 200석
- 곁들이면 좋은 서브메뉴 메기찜
- 휴무일 명절 전날과 당일
- 영업시간 09:00~21:00

|주변 볼거리| 경천저수지, 대둔산, 모악산, 화암사, 동상곶감마을, 구이저수지, 대아수목원, 고산자연휴양림, 수왕사

미식가들의 종착지가
바로 이곳이구나

Menu 020

복어

은정횟집 복어회

햇살복집 졸복탕

햇살복집 복어 껍데기

햇살복집 졸복튀김

세상에서 가장 맛있는 음식은 무엇일까? 이른바 4대 미식재료라 불리는 것이 있는데, 캐비어(철갑상어의 알), 트러플(떡갈나무 숲의 땅속에서 자라는 서양송로 버섯), 푸아그라(거위간 요리) 그리고 복어이다. 캐비어, 트러플, 푸아그라를 일반인들이 얼마나 접할 수 있겠는가? 또한 그 맛을 제대로 알려면 몇 번이나 경험해야 하는가?

미식가들이 칭송해 마지않는 천하의 음식들을 알고 있지만 그것이 그림의 떡으로만 남겨진다면 참으로 억울한 노릇이다. 세상 모든 음식을 다 먹어 보지 못하니, 그중 가장 맛있다는 것만이라도 맛봐야 하지 않을까? 세상 최고의 맛 재료들 가운데 가장 접하기 쉬운 복어를 공략해보자.

글★사진 이겸

치명적인 독과 매력적인 맛을 함께 지닌 것이 복어다. 그렇지만 인간은 호기심과 모험을 즐기는 존재. 복어의 독을 처리하는 조리법을 알게 되었으니, 맛을 즐기는 일만 남았다. 아름다움을 지키기 위해 가시를 선사받은 장미가 그로 인해 더욱 매력적이듯 복어의 잠복된 위험은 언제나 신비로운 맛을 선사한다.

독 중에서도 복어의 독은 맹독성으로 분류된다. 오랜 기간 동안 햇볕에 노출되거나 열을 가한다고 해서 복어의 독이 사라지지는 않는다. 복어가 죽은 경우에도 그 독은 여전히 살아 있다. '테트로도톡신'이라는 단어는 복어의 학명 '테트로'와 독을 뜻하는 '톡신'이 결합된 것이다. 중추신경과 말초신경을 손상시켜서 여덟 시간 이내 사망에 이르게 하는 치사율 60퍼센트의 맹독이다. 하지만 '테트로도톡신'의 해독제는 없다. 그렇다고 우리가 식용으로 사용하는 복어의 모든 부위에 독이 있는 것은 아니다. 대부분 복어의 내장에 몰려 있으며, 특히 암컷의 알, 수컷의 곤에도 섞여 있다고 한다.

이러한 맹독을 복어는 어떻게 지니게 되었을까? 복어의 겉모습은 참으로 귀여워서 전혀 위협적이지 않고 느리게 움직이는 편이라 포식자들의 공격에 취약하다. 때문에 위협이 느껴지면 물을 마셔서 몸을 부풀리는 방법으로 위기에 대응한다. 그리고 독은 최후의 일격을 가하는 수동적인 방법이다.

복어 중에서도 독이 없는 종류들이 있다. 그중 대표적인 것이 '가시복어'이다. 위협이 느껴지면 몸을 부풀려서는 온몸에 붙어 있는 가시를 곧추 세운다. 포식자를 놀라게 하고 귀찮은 먹을거리로 인식시키는 셈이다.

그렇지만 인간을 이길 수는 없었다. 복어는 우리의 미각을 자극하는 훌륭한 재료이며, 그 독 때문에 더욱 매력적이다. 복어의 까탈스러운 성격은 정복 욕구를 자극한다. 개성 넘치는 식재료가 요리로 탄생하여 내 앞에 차려지는 순간 저절로 목젖이 꼴깍 움직인다.

복어회와 곤의 긴장감 있는 이중주, 은정횟집

여행의 즐거움은 배낭을 꾸리는 때부터 시작된다. 괴나리봇짐에 바람이라도 담아 볼 작정인 양 저절로 웃음이 번진다. 현관을 나서는 순간 물 한 모금 마시듯 첫발을 내딛는다. 기대감으로 도착한 천년고도 경주, 촬영에 몰두해 있을 때는 배고픔조차 잊기 마련이다. 이윽고 긴장감이 풀리면서 꼬르륵 배가 자명종처럼 울린다.

그런데 경주에 촬영을 오면 먹을거리가 마땅치 않아 그저 허기를 달래는 수준이다. 통일신라를 다스리던 황제의 도시였음에도 음식 문화는 그 위상에 미치지 못하

복어회의 맛에 민감한 사람이라면 혀뿌리가 살짝 얼얼한 느낌을 원하지 않을까

는 것이 사실이다. 황제의 도시에 살았던 선조들은 도대체 무엇을 먹었고, 문화유산으로 어떤 음식을 남겼는지 궁금해진다. 기림사와 장항리 절터, 감은사를 거쳐 문무대왕릉까지의 여정은 감포에서 멈춘다.

다행스러운 것은 감포항에 은정횟집이 있다는 것이다. 감포항이나 대왕암 근처에 짐을 풀면 발길은 자연스럽게 은정횟집으로 향한다. 이곳은 복어 전문집이다. 감포항에서 가장 먼저 생긴 탓도 있지만 복어의 맛을 죌 살리기 때문에 유명세도 따르고 있다. 그중 뭐니뭐니 해도 복어회와 곤이 일품이다. 곤은 이리(물고기 수컷의 정액 덩어리)라고도 불린다.

청자색으로 장식한 흰 접시에 참복과 밀복으로 채워진 복어회가 올라온다. 살을

고소하고 탱탱한 곤의 향과 청량감 있는 해삼이 입안 가득 퍼진다

얇게 손질한 탓에 회를 올린 접시가 비칠 정도다. 접시를 내려다보고 있자니 큰 꽃송이가 활짝 펴 있는 듯하다. 투명한 햇살로 장식한 듯 회가 빙 둘러진 접시 어디에 젓가락을 올려야 하나 살짝 미소 한번 짓는다. 반투명 같은 꽃잎을 한 장 집어든다.

우선 한 점 들어 아무런 양념 없이 그냥 입안에서 돌리며 씹는다. 그런 다음에는 회에 미나리를 감아서 간장소스를 살짝 찍어서 먹어 본다. 꼬들꼬들하게 씹히는데, 다른 활어회에서는 느낄 수 없는 청량감 같은 것이 번진다. 힘 있게 무너지는 육질과 톡톡 터지듯 바람 같은 향기가 입안에서 맴돈다. 주인장은 이 집의 복어회가 맛있는 이유 중 하나를 간장소스라고 말한다. 감초와 겨자, 고춧가루와 파, 무즙과 레몬즙을 섞은 소스가 식감을 상승시킨다고 전한다. 아주 민감한 미각의 소유자라면 어느 순간 입안이 약간 아린 느낌을 받을 수도 있다.

복어회와 더불어 꼭 먹어봐야 할 것이 곤으로 만든 곤죽과 익힌 곤이다. 곤의 양이 많지 않기 때문에 곤죽 또한 조금 나올 수밖에 없다. 복어의 배를 갈라봐야 알 수 있는 것이라 그때그때 양이 달라지거나 아예 없을 수도 있다. 겉만 봐서는 복어

바닷바람에 실려 온 그간의 세월이 느껴지는 은정횟집

의 암수를 알기가 힘들다고 한다. 온전한 곤은 반달 모양으로 휘어져 있고 빛깔은 연한 베이지 색을 띈다. 묵보다 흐물거리기 때문에 숟가락으로 먹는 것이 편할 것이다. 깻잎에 싸먹기도 하지만 깻잎의 향이 강하기 때문에 곤이 가진 특유의 맛을 느끼는 데는 방해가 된다. 처음엔 느끼한 맛이 찾아오고 다음에는 고소함, 끝 맛은 약간의 달콤함으로 장식한다.

사람에 따라 '익힌 곤'에 대한 평가는 극과 극으로 나뉘기도 한다. 그 첫 맛에서 이미 실망하는 이들이 생각보다 많은 것에 가끔 의아하다. '복어회'와 '곤'을 한 상에서 만나는 그날은 작은 행운을 얻은 것으로 여겨도 좋은데 말이다.

경주 감포해수욕장

언덕 위에 편히 앉아 물건항을 바라보며 맛보는 졸복탕이 일품이다

고소한 시작 시원한 끝 맛, 햇살복집의 졸복튀김과 탕

보물섬이라 불리는 남해군은 그 말과 참 잘 어울리는 곳이다. 남해대교, 창선교, 창선·삼천포대교는 섬과 섬을 잇고 섬과 뭍을 잇는다. 다리를 건널 때마다 달라지는 마을 풍광과 바다의 절경이 마음을 사로잡는 곳이 바로 남해다. 아이러니하지만 다리들이 놓이기 전에는 경상남도 끝에 있는 외진 섬들이 모여 있어서 찾는 이

햇살복집의 또 다른 자랑은 물건항과 방조어부림을 사계절 내내 눈으로 맛볼 수 있다는 것이다

가 드물어 보물섬으로 유지될 수 있었다.

　보물들 가운데 내가 자주 찾는 곳은 물건리다. 이 작은 마을을 찾는 이유는 아름다운 방조어부림이 있기 때문이다. 반달 모양으로 조성된 숲은 마을로 불어오는 바닷바람을 막고자 조성되었다. 방풍림은 너비 30m 정드이며, 300년 수령의 고목 40여 종이 1.5km 정도를 빽빽이 채우고 있다. 푸른 바다와 아름다운 숲을 한번에 조망할 수 있는 위치에 햇살복집이 있다. 이 집의 특징은 졸복을 쓴다는 것이다.

Part 05 밥상과 잘 어울리는 친근한 생선

졸복튀김의 아삭거리는 소리와 쫄깃함은 맛보지 않고서는 짐작할 수 없다

성인의 엄지손가락만한 크기의 복어로 졸복튀김과 졸복탕 요리를 한다. 졸복튀김에는 마늘이 들어가는데 갈지 않은 통마늘을 복어와 함께 튀겨 낸다. 물론 마늘은 실하기로 소문난 남해마늘이다. 꽃과 당근으로 멋을 낸 튀김은 새로운 복요리의 맛을 느끼게 한다. 아삭 소리를 내며 부서지는 튀김옷 안에는 쫄깃한 졸복이 기다리고 있다. 뼈까지 씹어 먹어도 좋을 만큼 적당한 크기이며, 손으로 집어 먹으면 더 맛이 좋다. 주인장은 아이들이 특히 좋아한다고 전한다.

이번엔 '졸복탕'을 먹어 보자. 복이 만들어내는 시원한 국물 맛이 일품이다. 술꾼을 자처하는 사람치고 복국을 좋아하지 않는 이가 드물 정도라는 말을 실감케 한다. 반주가 없어도 충분히 만족할 수 있는 시원한 국물 맛, 한입에 먹기 딱 좋은 사이즈의 복어가 땀을 쭈욱 흘리게 한다.

또한 혼자서도 부담 없이 즐길 수 있는 양과 가격이 만족스럽다. 깻잎, 양파, 배추, 마늘 등 요리에 들어가는 모든 재료는 주인이 직접 재배하여 조달한다고 전한다. 창문 너머로 펼쳐지는 남쪽 바다의 절경은 햇살복집의 또 다른 자랑거리다.

Travel Tip

★ 은정횟집
- 주소 경상북도 경주시 감포읍 감포리 384-15
- 전화번호 054-744-8600
- 홈페이지 없음
- 주차공간 주차장 있음
- 테이블 규모 30석 정도
- 곁들이면 좋은 서브메뉴 아구 코스요리, 도미와 농어회, 복어탕, 아구탕, 물회, 횟밥
- 휴무일 연중무휴
- 영업시간 08:00~21:00

|주변 볼거리| 기림사, 경주 장항리사지, 골굴사, 문무대왕릉, 감은사지

★ 햇살복집
- 주소 경상남도 남해군 삼동면 물건리 505
- 전화번호 055-867-1320
- 홈페이지 cafe.daum.net/hatsalbok
- 주차공간 주차장 있음
- 테이블 규모 50석 정도
- 곁들이면 좋은 서브데뉴 복국, 복매운탕, 졸복튀김, 복어회
- 휴무일 명절 연휴
- 영업시간 08:00~20:00

|주변 볼거리| 물건리 방조어부림, 미조항, 가천 다랭이마을, 독일마을, 상주 은모래비치

죽 한 그릇으로
마음마저 따뜻해지는구나

Menu 021

| 어죽

선희식당 어죽

큰손식당 어죽

민물새우투김

구읍식당 생선국수

어죽을 생각하면 작살에 꽂혀 파닥거리는 물고기가 떠오른다. 대학 시절, 여름농활 장소가 금강이 흐르는 충청북도 영동이었다. 농민회 활동을 하는 마을 형님 중에서 그는 좀 특이했다. 눈은 사팔뜨기처럼 초점이 다른 곳에 가 있고, 말은 늘 어눌했다. 하지만 수영에는 귀재였다. 그는 큰 물안경을 쓰고 작살을 든 채 강물에 뛰어들었고 보기 좋게 쏘가리, 붕어 등을 꿰어서 나왔다.

마을 사람들이 '물에선 귀신, 땅에선 등신'이라 수군거리는 것이 이해가 갔다. 그가 잡아온 고기는 구슬땀을 흘리고 돌아온 저녁 밥상 위에 올라왔다. 우리는 팥죽 같은 땀을 뚝뚝 흘리며 난생처음 어죽을 먹었다. 얼큰하면서 걸쭉한 그 진국이란!

글★사진 진우석

어죽을 만난 다음부터는 기회가 닿는 대로 각 지방의 어죽 요리를 맛봤다. 재미있는 것은 지역에 따라 식당에 따라 사용하는 어종과 요리법이 조금씩 다르다는 점이다. 금강 줄기가 흐르는 충청북도 영동과 전라북도 무주, 예당저수지가 있는 충청남도 예산 등에서는 밥을 넣는 어죽을 내왔고, 옥천에서는 밥을 빼고 국수만 넣었다. 또 산청과 함양 등의 경상도의 어죽은 어탕국수로 바뀐다. 어탕국수는 어죽의 중요한 양념인 고추장 대신 된장을 넣고, 밥을 빼고 국수만 넣는다. 이처럼 크고 작은 변화는 있지만, 민물고기 살을 발라 육수와 함께 각종 양념을 넣고 끓이는 방법은 동일하다.

우리나라는 산이 많은 덕분에 강물이 풍부하다. 이 때문에 싱싱한 민물고기 요리는 예로부터 발달했고, 그중 어죽은 서민들의 여름철 보양식이었다. 먹을 것이 귀하던 시절에 동물성 단백질 섭취가 가능했기 때문이다. 어죽의 역사는 세시풍속 놀이인 천렵에서 기인한다. 천렵은 삼복 중에 냇물이나 강가에서 헤엄도 치고 고기도 잡고, 잡은 고기로 탕을 끓여 먹으며 즐기는 걸 말한다. 정학유의 『농가월령가』를 보면 "앞내에 물이 주니 천렵을 하여보세. 해 길고 잔풍(殘風)하니 오늘 놀이 잘되겠다. 벽계수 백사장을 굽이굽이 찾아가니 수단화(水丹花) 늦은 꽃은 봄빛이 남았구나. 촉고(數罟, 촘촘하게 만든 그물)를 둘러치고 은린옥척(銀鱗玉尺, 모양이 좋고 큰 물고기) 후려내어 반석(磐石)에 노구(작은 솥) 걸고 솟구쳐 끓여내니 팔진미(八珍味) 오후청(五候鯖)을 이 맛과 바꿀쏘냐" 하며 그 재미와 맛을 노래하고 있다. 천렵은 얼마 전까지만 해도 휴가나 바캉스 대신 많이 행해졌고, 지금도 비슷하게 즐기는 사람들이 많다. 예전과 다른 점이 있다면 물이 더러워지고 물고기가 많이 줄었다는 것이다.

어죽은 소박한 서민음식이다. 농활에서 만났던 그 형님처럼 보기에는 어눌하지만, 속을 따뜻하게 해주는 정이 가득한 밥상이다. 맛과 영양 모두 좋고, 혼자서도 부담 없이 먹을 수 있어 홀로 여행자에게 더욱 좋다.

인삼어죽의 본고장을 뛰어넘다, 선희식당

전국에서 어죽은 금강 물줄기가 흐르는 지역에서 가장 발달했다. 전라북도 무주, 충청북도 영동, 충청남도 금산 등이 대표적인데, 비교적 가까운 거리에 몰려 있는 것이 특징이다. 갈기산을 병풍처럼 두르고 앞으로 금강이 비단처럼 흐르는 충청북도 양산면 가산리는 충청남도 금산이 코앞이다.

금산은 특산물인 인삼을 넣은 인삼어죽이 유명하다. 금산에서 성업 중인 많은 어죽 식당을 물리치고 당당히 인삼어죽 명가로 자리 잡은 곳이 선희식당이다. 입에 맞는 집을 찾던 금산 주민들이 선희식당에 정착해 단골이 된 것이다.

붕어, 빠가사리 등 다양한 물고기를 재료로 사용하는 어죽 상차림

선희식당은 20년쯤 됐다. 선희상회를 하던 손이선(62세) 씨가 낚시꾼과 관광객에게 매운탕과 어죽을 끓여 주다 인기가 좋아 식당을 차렸다. 그때 손 여사의 손맛에 반한 사람 중 일부는 아직까지 골수 단골로 남아 있다. 7년 전부터 선희식당은 아들인 김정대(37세) 씨가 가업을 잇고 있다. 김 씨가 자긍심을 갖는 것은 좋은 재료와 친절이다. 어류는 잉어와 붕어를 쓰는데, 잉어가 좀 더 많이 들어간다고 한다. 잉어를 붕어보다 하급으로 치기에 좀 어리둥절했는데, 그의 대답이 단호하다. "어종도 중요하지만, 더 중요한 것은 생선의 질입니다." 생선뿐 아니라 고추장, 된장 등의 양념까지 최고 품질을 지향한다.

향로봉에서 본 금강의 황홀한 노을

양푼에 담아 푸짐한 선희식당 어죽과 아이들이 좋아하는 민물새우튀김

요리법은 잉어와 붕어를 고아 육수를 내고, 생선살을 발라낸 후 밥과 인삼, 소염, 들깨가루, 고추장 등 20여 가지 양념을 넣고 끓인다. 마지막에 수제비를 좀 떠우고 국수는 넣지 않는다. 국물은 얼큰하면서 걸쭉하다. 특히 인삼을 손톱만한 크기로 썰어 넣는데, 여름철이면 한 달에 무려 40채(1채 750g)가 들어간다고 한다. 어죽과 함께 먹기 좋은 메뉴로 김 씨는 민물새우튀김을 추천한다. 세뱅이라 부르는 작은 민물새우는 고소한 맛과 바삭바삭한 식감이 일품이다.

근육 좋은 금강물고기로 차린 만찬, 큰손식당

충청북도 영동에서 남쪽으로 내려가면 전라북도 무주 땅이다. 금강으로 치면 영동보다 상류 지역이다. 전라북도 장수에서 발원한 금강은 무주읍에 이르러 물한계곡에서 내려오는 맑고 찬 초강천과 몸을 섞으면서 크게 굽이친다. 그러면서 내도리를 물방울 모양의 섬처럼 만들었다. 내도리에 앞섬마을과 뒷섬마을이 있는 것도 이런 까닭이다. 무주읍에서 내도리로 들어서는 앞섬다리 앞에 몇 개의 어죽집이

거친 금강 물살에서 자란 근육 좋은 물고기를 쓰는 큰손식당 어죽과 외관

옹기종기 모여 있는데, 그중 큰손식당이 가장 붐빈다.

큰손식당은 뒷섬마을에 살던 설광석, 신명순 부부가 20년 전에 열었다. 설광석 씨는 금강에서 고기를 잡아 팔았고, 신명순 씨는 낚시꾼에게 매운탕을 끓여주다가 반응이 좋아 식당을 차렸다. 오랫동안 금강에서 고기를 잡았던 설 씨는 다른 지역보다 무주 고기가 맛이 좋다며 엄지손가락을 추켜세운다. 강물이 휘돌아나가면서 물살이 센 물고기들의 근육이 발달했기 때문이라는 설명이다.

큰손식당에서 쓰는 어류는 빠가사리(동자개)와 메기. 비교적 고급 어종만을 쓰고, 경우에 따라 꺽지를 넣는다. 꺽지가 들어가야 맛이 좋아진다는 귀띔이다. 쌀 외에 국수와 수제비는 두 가지를 모두 넣는다. 신명순 씨는 힘들어도 고추장과 된장을 직접 담가 사용한다. 특히 어죽 맛을 내는 데 중요한 고추장은 꼭 직접 담근다고.

2011년 8월, 설광석 씨는 후배 김상석 씨에게 식당을 넘겼다. 아내가 몸이 안 좋아 운영이 어려워진 것이다. 식당을 물려받은 김상석, 박정옥 부부는 노하우를 전수받아 맛이 변하지 않았다는 말을 듣기 위해 정진하고 있다. 큰손식당은 어죽을 시키면 빙어튀김을 서비스로 내온다. 맛이 고소하며 어죽과 잘 어울린다.

▲ 예당가든 앞에는 예당저수지가 시원하게 펼쳐지고, 촬영지로 제법 알려진 황금나무가 서 있다   ▼ 예당가든 어죽과 식당 내부

붕어와 장어를 함께 넣은 보양식, 예당가든

    충청남도 예산의 예당저수지는 아마도 우리나라에서 민물고기가 가장 많은 저수지일 것이다. 일단 크기가 여의도의 3.7배로 우리나라 저수지 중 가장 크고, 무한천과 신양천이 합수해 흘러들기에 어류의 먹이도 풍부하다. 이곳 물고기들은 자연스럽게 요리로 만들어졌고 어죽은 매운탕, 붕어찜과 더불어 대표 메뉴로 자리

잡았다. 식당들은 수문 근처와 대흥면 일대에 펴져 있는데, 오래된 집들은 대개 수문 근처에 있다.

예당가든은 30년 넘게 자리를 지킨 집으로 윤기자(69세) 할머니에서 아들 박호영(36세) 씨에게 넘겨져 2대째 내려오고 있다. 이곳 어죽은 붕어를 주재료에 장어와 민물새우를 조금씩 넣는다. 장어를 넣는 것이 특이한데, 윤 할머니는 "보양에 좋잖아!" 하기에 뾰족한 답을 찾을 수 없다. 초창기 식당을 개업했을 당시 메뉴는 오직 어죽과 장어구이뿐이었다고 한다. 아마도 장어는 그런 전통에서 계속 사용하지 않았을까. 요리법 중에서 특이한 점은 생선의 잡맛을 없애기 위해 오가피를 넣는 것이다. 쌀 외에 국수와 수제비가 조금씩 들어간다.

예당가든의 또 하나의 자랑은 일명 '황금나무'다. 나무가 울창한 식당 마당 앞이 바로 예당저수지다. 마당에서 저수지로 나서면 버드나무 한 그루가 눈에 띈다. 여름철 물이 많을 때는 나무의 일부가 물에 잠긴다. 그 모습이 예사롭지 않아 사진작가들이 많이 찾고, 겨울철에는 나무 위로 해가 내려앉아 황금빛을 내뿜는다. 그래서 황금나무라고 불린다. 어죽으로 배를 채운 후에 나무 주변을 산책하는 맛도 일품이다.

어죽의 변신은 즐거워, 구읍식당의 생선국수와 지리산어탕국수의 어탕국수

어죽에는 쌀과 국수, 수제비 등이 들어가는데 어떤 지역에서는 오직 국수만 넣기도 한다. 충청북도 옥천의 생선국수, 경상남도 지역(주로 거창, 함양 등)의 어탕국수가 그렇다. 옥천의 구읍식당은 정지용생가 앞에 있는 작은 식당으로 15년 동안 생선국수 하나만을 팔았다. 무엇보다 씨알 굵은 붕어를 다섯 시간 푹 고아 내오기에

구읍식당의 생선국수와 지리산어탕국수의 어탕국수

국물이 일품이다. 그래서 육수를 사가는 단골이 많다고 한다. 해장에도 좋아 동네 술꾼들의 단골집이 된 것은 자연스러운 일. 바깥주인 윤덕병(60세) 씨는 낚시 전문가라 생선 보는 눈이 정확하고, 무주가 고향인 안주인 경점옥(54세) 씨의 손맛은 옥천에서 유명하다. 처음에는 비린내를 잡기 위해 국물에 연탄불에 달군 쇠를 넣거나, 생선을 통째 분쇄기에 갈아보는 등 다양한 시행착오를 거쳐 자신만의 맛을 발견했다고 한다.

합정동의 지리산어탕국수는 경상남도 함양 출신 김병옥(63세) 씨가 낸 식당으로 어머니 김순분(82세) 씨에게 배워 2년 전에 열었다. 어탕국수를 널리 알린 행주산성의 지리산어탕국수의 분점 격이다. 김순분 씨는 고향인 함양 수동면 남계천에서 고기를 잡아 동네 사람들과 나누어 먹었다고 한다. 서울로 올라와 처음에는 홍대 근처에서 장어탕 장사를 했다. 장어가 비싸 수지타산이 맞지 않아 문을 닫고, 궁리하다가 고향에서 해먹은 어탕국수를 메뉴로 '지리산어탕국수'를 열었다. 한탄강에서 잡은 빠가사리, 메기, 붕어, 잉어 등 다양한 생선을 쓴다. 어죽과 달리 고추장이 들어가지 않고 시래기와 얼갈이배추가 들어가는 것이 특이하다. 펄펄 끓는 어탕국수 위에 올린 부추는 국수와 함께 씹는 맛이 좋다.

Travel Tip

★ **선희식당**
- 주소 충청북도 영동군 양산면 가선리 45
- 전화번호 043-745-9450 • 홈페이지 없음
- 주차공간 집 앞에 주차장 있음
- 테이블 규모 140석 정도
- 곁들이면 좋은 서브메뉴 도리뱅뱅이, 민물새우튀김
- 휴무일 명절 연휴 • 영업시간 09:00~20:00

|주변 볼거리| 갈기산, 천태산, 송호리

★ **큰손식당**
- 주소 전라북도 무주군 무주읍 읍내리 1359(내도리 앞섬마을)
- 전화번호 063-322-3605 • 홈페이지 없음
- 주차공간 집 앞에 주차장 있음
- 테이블 규모 80석 정도
- 곁들이면 좋은 서브메뉴 빙어튀김
- 휴무일 연중무휴 • 영업시간 09:00~21:00

|주변 볼거리| 머루와인동굴, 무주리조트, 덕유산

★ **예당가든**
- 주소 충청남도 예산군 대흥면 노동리 81-2
- 전화번호 041-333-4473 • 홈페이지 없음
- 주차공간 집 앞에 넓은 주차장 있음
- 테이블 규모 200석 정도
- 곁들이면 좋은 서브메뉴 붕어찜
- 휴무일 명절 연휴 • 영업시간 10:00~21:00

|주변 볼거리| 의좋은형제공원, 대흥동헌, 봉수산자연휴양림, 임존산성

★ **구읍식당**
- 주소 충청북도 옥천군 충청북도 옥천군 옥천읍 상계리 99
- 전화번호 043-733-4848 • 홈페이지 없음
- 주차공간 식당 앞 도로 옆이나 정지용문학관 이용
- 테이블 규모 24석 정도
- 곁들이면 좋은 서브메뉴 없음
- 휴무일 연중무휴 • 영업시간 08:00~21:00

|주변 볼거리| 정지용생가와 문학관, 육영수생가

★ **지리산어탕국수**
- 주소 서울특별시 마포구 합정동 386-38
- 전화번호 02-333-7794 • 홈페이지 없음
- 주차공간 식당 앞에 주차장 있음
- 테이블 규모 50석 정도
- 곁들이면 좋은 서브메뉴 고기만두, 다슬기만두
- 휴무일 명절 연휴 • 영업시간 10:00~21:00

|주변 볼거리| 절두산순교성지

진미는 갑옷 속에 있다네,
까먹는 재미가 일품!

Menu 022

조개

하늘가든 바지락고추장찌개

겨울철 별미 벌교 꼬막

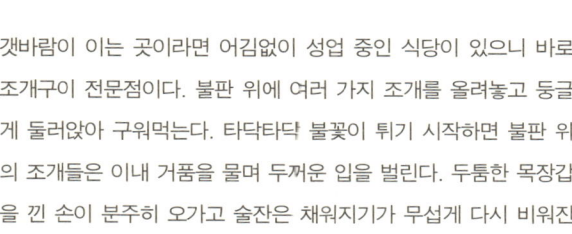
동해 째복

벌교원조꼬마식당의 꼬막정식

갯바람이 이는 곳이라면 어김없이 성업 중인 식당이 있으니 바로 조개구이 전문점이다. 불판 위에 여러 가지 조개를 올려놓고 둥글게 둘러앉아 구워먹는다. 타닥타닥 불꽃이 튀기 시작하면 불판 위의 조개들은 이내 거품을 물며 두꺼운 입을 벌린다. 두툼한 목장갑을 낀 손이 분주히 오가고 술잔은 채워지기가 무섭게 다시 비워진다. 모양도 가지가지 맛도 제각각이다. 타닥타닥 소리만 들어도 입가에 군침이 돈다.

조개구이의 묘미는 까먹는 재미다. 반쯤 벌린 껍질을 마저 젖히면 뽀얀 속살이 모습을 드러내는데 이것이 바로 바다를 한입에 맛볼 수 있는 별미 중의 별미다. 진미는 바로 두꺼운 갑옷 속에 숨어 있다.

글★사진 김수남

조개는 다양한 생김새만큼이나 사는 곳도 다양하다. 민들조개처럼 동해 바다의 모래 속에 사는 것도 있고 말조개처럼 하천이나 호수 같은 민물에서 사는 것도 있다. 그렇지만 대부분의 조개들은 갯벌을 무대로 살아간다. 특히 서해안과 남해안에 그 종류가 많고 개체수도 많다. 조개를 잡고, 굴을 캐는 어업을 '맨손어업'이라고 하는데 갯벌에서 조개를 잡는 일이 얼마나 힘든지 겪어보지 않은 이들은 알지 못한다.

어느 해인가 충청남도 보령의 원산도에서 어촌계원들이 바지락 잡는 장면을 본 적이 있다. 나이 지긋한 분들이 바지락을 캐고 있었다. 여자들은 부지런히 바지락을 캐댔고 남자들은 여자들이 캐낸 바지락을 대충 바닷물에 씻어 지게로 짊어지고 나와 다시 경운기에 옮겨 싣고 나왔다. 그렇게 물때에 맞춰 몇 시간 일을 하면 농촌에서 하루 종일 일해 버는 돈보다 많이 벌 수 있다. 그런데 쭈그리고 하는 작업이 얼마나 고됐을까. 여인들은 고생해서 바지락 캔 돈으로 겨울철 비수기가 되면 육지 병원에 나가 망가진 몸을 고치며 시간을 보낸다고 하소연이다.

보성 벌교의 아낙들이 꼬막을 캐내는 일은 더 눈물겹다. 바지락과 달리 꼬막은 겨울이 제철이다. 살을 에는 듯한 겨울 바다의 칼바람과 맞서 싸워야 한다. 꼬막 채취는 갯벌 위에 걸친 바지선을 중심으로 이루어진다. 여인들은 육지에서 3~5km 떨어진 갯벌 한가운데로 고막널을 타고 들어간다. 고막널은 썰매에서 착안하여 갯벌에서 쉽게 이동하도록 고안한 기구인데 '타고 간다'라기보다는 '밀고 간다'라는 표현이 더 정확할 듯하다. 한쪽 무릎을 꿇어 고막널에 대고 남은 발로 갯벌을 밀면서 이동한다. 게다가 꼬막을 캐기 위해 사용하는 도구인 고막기계는 엄청난 힘을 필요로 한다. 허리는 허리대로, 어깨는 어깨대로 온몸이 만신창이가 된다.

조개 하나에도 우리네 어머니들의 고통과 눈물이 담겨 있음을 아는 이가 얼마나 될까? 조개가 우리 몸에 좋다고 하는데 이 역시도 자식을 생각하는 어머니의 마음이 담겼기 때문이리라.

바지락고추장찌개를 개발하여 향토음식으로 정착시킨 하늘가든

서해안에서 가장 쉽게 접할 수 있는 조개는 바지락이다. 국물 맛이 좋아 조개탕 외에도 칼국수, 해물탕, 된장찌개 등에 두루 쓰인다. 이색 요리도 있다. 바지락에 고추장을 풀어 얼큰하게 매운탕을 만들었는데 이름하여 바지락고추장찌개. 인천 영흥도의 하늘가든에 가면 제대로 된 맛을 볼 수 있다.

영흥도는 연도교로 선재도와 이어져 있고 선재도는 다시 대부도와 이어져 있어 자동차로 갈 수 있다. 하늘가든은 영흥대교를 지나자마자 왼편 해안가에 위치한 식당이다.

하늘가든의 바지락고추장찌개

하늘가든에서 처음 바지락고추장찌개를 내놓은 건 2002년이다. 허복순(58) 대표가 영흥도로 시집와서 보니 시어머니가 바지락에 채소를 넣고 볶아서 먹는 것이 아닌가. 국물을 넣어 얼큰하게 먹으면 더 맛이 좋겠다는 생각이 들어 바지락고추장찌개를 개발하게 되었단다. 이렇게 탄생한 메뉴로 2002년에 인천광역시로부터 '맛있는 집'에 선정되는 영광까지 누렸다. 바지락고추장찌개가 향토음식의 반열에 오르자 뒤늦게 이를 따라한 식당도 생겨났다. 그렇지만 원조의 맛을 쫓아오긴 어렵다. 수많은 시행착오 끝에 탄생한 맛이기 때문이다.

하늘가든은 영흥도 바지락만을 고집한다. 봄과 가을, 두 차례에 걸쳐 대량 수매를 하는데 수매 후 바로 급속 냉동시키면 생것과 같은 맛을 낸다. 봄 바지락은 약

◀ 보령 원산도의 바지락 조업 모습 ▲인천 영흥도에 위치한 하늘가든

간 단맛이 나고 가을 바지락은 약간 쌉싸름한 맛이 나는 게 특징이다. 영흥도의 청정 갯벌이 키워낸 바지락에 하늘가든만의 특별한 해물 육수를 넣고 직접 담근 찹쌀고추장을 풀어 찌개를 만든다. 이렇게 끓이면 바지락 특유의 향이 찹쌀고추장의 얼큰함과 잘 어우러져 묘한 맛을 자아낸다.

'어이, 시원하다!'라는 탄성이 절로 터지니 술꾼들의 해장용으로도 최고다. 하늘가든은 아침 7시부터 영업을 한다. 바다낚시를 나온 낚시꾼들이 아침식사를 많이 하기 때문인데 이들에게도 바지락고추장찌개는 최고 인기다.

▲ 관광객이 잡은 째복(민들조개)과 섭죽마을의 섭해장국 ▼ 속초 아바이마을 갯배

동해 '째복'을 아시나요? 섭죽마을

　몇 년 전, 강원도 양양의 동산해수욕장으로 가족여행을 간 적이 있다. 아이들과 물놀이를 하는데 물속 발밑에 뭔가 걸리는 게 아닌가. 물속으로 들어가 이를 꺼내

째복과 섭요리가 전문인 섭죽마을 외관

보니 조개였다. 기하학적인 무늬가 아름다웠던 그 조개의 이름은 민들조개였는데 현지에서는 '째복'으로 불린다. 작정하고 잡았더니 코펠 한 가득 채울 정도로 양이 많았던 기억이 있다.

째복은 서해안의 바지락에 견줄 만큼 대표성을 띈 동해 조개인데 주로 수심 1~10m 안쪽의 모래밭에 산다. 필수아미노산, 타우린, 글리코겐 등이 다량 함유되어 있어 영양으로도 다른 조개에 뒤지지 않는다. 째복을 활용한 요리로는 탕으로 끓인 째복탕, 죽으로 쑨 째복죽 그리고 째복회무침 등이 있다. 그렇지만 째복 요릿집을 만나기는 쉽지 않다. 홍합을 재료로 한 섭죽, 섭해장국이 횟집의 서브 메뉴로 많이 등장하는 것에 비하면 다소 의외다.

속초에 가면 째복을 맛볼 수 있는 식당이 있다. 2003년부터 째복 요리를 황토음식으로 개발하여 판매하고 있는 섭죽마을이 그곳이다. 째복죽, 째복해장국과 더불어 섭죽, 섭해장국까지 취급한다.

"째복 요리를 취급하는 식당은 대한민국에 아마 우리집밖에 없을 겁니다. 옛날 어른들이 째복 삶은 물에 쫄깃한 째복살을 얹어 국수로 말아 드시던 모습을 생각하며 째복 요리를 개발하게 되었죠. 우리는 속초 앞바다에서 잡은 째복만 사용합니다."

섭죽마을의 째복 요리는 속초가 고향인 주인장의 추억 속에서 탄생되었다. 째복해장국은 째복을 삶아낸 국물에다 부추, 미나리, 파, 양파 그리고 수제비를 넣고 얼큰하게 끓인 것이다. 타우린에 알콜 분해 성분이 있어서 그렇겠지만 얼큰한 맛이 숙취 해소에 더할 나위 없이 좋다. 섭해장국 역시 조리 방법은 같다. 째복 대신 동해 홍합인 섭이 들어가는 것이 그 차이다.

째복죽이나 섭죽은 손님의 기호에 따라 맑은 죽과 얼큰한 죽 두 가지로 요리된다. 탕이 매운탕과 맑은탕(지리)으로 나뉘는 것과 같은 이치인데 고객의 입맛을 세심하게 배려한 마음 씀씀이가 읽혀진다.

꼬막의 화려한 변신, 벌교원조꼬막식당

남해안의 꼬막은 여자만(汝自灣)을 둘러싼 보성과 순천, 고흥 일대가 주산지다. 그중에서도 보성 벌교의 꼬막이 유명하다. 꼬막에는 참꼬막과 새꼬막이 대표적인데 참꼬막의 몸값이 훨씬 비싸다. 종패를 뿌린 후 1~2년이면 성패가 되는 새꼬막에 비해 참꼬막은 종패를 뿌리는 방식의 양식도 잘 안 될뿐더러 4~5년은 지나야

보성 벌교 아낙들의 꼬막잡이 모습

먹을 수 있을 정도가 된다. 맛도 참꼬막이 훨씬 쫄깃하고 좋다. 현지에서 꼬막을 '고막'이라고 부르는데 서해의 바지락이나 동해의 째복이 국물 맛을 내는데 주로 쓰이는 반면, 꼬막은 통통하고 쫄깃한 꼬막살을 먹는다. 부재료가 아닌 당당한 주재료 대접을 받는 셈이다.

꼬막이 가장 맛있을 때는 12월에서 이듬해 3월까지이다. 살짝 데치기만 해도 쫄깃한 식감과 함께 바다와 갯벌의 풍미가 그대로 들어오는 것 같다. 요즘은 꼬막으로 다양한 요리를 만들어 먹는다.

벌교우체국 인근의 벌교원조꼬막식당은 2000년에 문을 열었는데, 일대에서 가장 먼저 꼬막정식을 개발하여 판매하였다. 차명옥(49) 대표가 식당 문을 열기 전만 해도 꼬막은 데쳐 먹거나 양념을 무쳐서 먹는 게 고작이었다. 그러던 것을 꼬막전,

▲ 벌교의 참꼬막, 조업 중에도 틈틈이 술과 국으로 추위를 이기는 꼬막잡이 아낙들 ▼ 벌교꼬막축제 중 꼬막 까기 시합 중인 관광객들과 벌교원조꼬막식당의 꼬막정식

　꼬막회, 꼬막탕을 만들어 남도 정서에 맞게 한 상 가득 차려 놓고 꼬막정식이라는 이름을 붙였다. 삶은 꼬막을 통째로 내놓는 통꼬막도 올렸다. 육질의 맛과 식감이 중요한 통꼬막은 참꼬막을, 나머지 꼬막 요리는 새꼬막을 쓴다.

　꼬막정식의 대장은 꼬막회다. 꼬막살을 매콤하게 무쳐 내놓는데 이를 김 부스러기와 함께 비벼 먹는다. 일종의 회무침인 셈이다. 사실, 꼬막은 별 양념 없이 데쳐 먹기만 해도 맛이 있다. 오히려 이런저런 가미(加味)가 꼬막살 특유의 맛과 향을 즐기는 데 방해가 될 수도 있다. 그럼에도 꼬막의 화려한 변신들이 반가운 것은 남도 음식문화 특유의 맛과 정을 체험할 수 있어서다. 맛은 기본, 다양하고 푸짐해야 바로 남도 밥상 아닌가.

Travel Tip

★ 하늘가든
- 주소 인천광역시 옹진군 영흥면 내3리 196
- 전화번호 032-886-3916
- 홈페이지 www.yhsky.co.kr
- 주차공간 10대 이상 가능
- 테이블 규모 200석 정도
- 곁들이면 좋은 서브메뉴 굴고추장찌개, 회덮밥, 회
- 휴무일 명절 연휴 · 영업시간 07:00~21:00

|주변 볼거리| 영흥도(장경리해수욕장, 십리포해수욕장 등), 선재도, 대부도(베르아델승마클럽, 동주염전), 제부도, 전곡항, 하내테마파크

★ 섭죽마을
- 주소 강원도 속초시 조양동 1287-11
- 전화번호 033-635-4279
- 홈페이지 www.hurhurbada.com
- 주차공간 30여 대 가능
- 테이블 규모 80석 정도
- 곁들이면 좋은 서브메뉴 섭죽, 섭해장국, 홍게죽
- 휴무일 명절 연휴 · 영업시간 06:30~20:00

|주변 볼거리| 설악산(외설악), 아바이마을, 속초해수욕장, 대포항

★ 벌교원조꼬막식당
- 주소 전라남도 보성군 벌교읍 벌교리 632-3
- 전화번호 061-857-7675 · 홈페이지 없음
- 주차공간 30대 가능 · 테이블 규모 130석 정도
- 곁들이면 좋은 서브메뉴 없음(꼬막정식만 취급함)
- 휴무일 연중무휴
- 영업시간 09:00~21:00

|주변 볼거리| 낙안읍성민속마을, 보성차밭, 순천만, 송광사, 선암사

두부 ★ 문일식

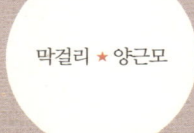
막걸리 ★ 양근모

콩 ★ 윤용성

팥죽 ★ 이진곤
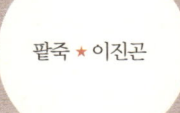

한정식 ★ 권현지
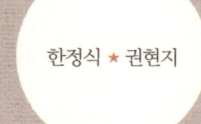

산산이 부서진 콩,
영양만점 두부로 태어나다

Menu 023

두부

고향집 손두부 두부구이

선흘방주할머니식당의
검은콩 단호박칼국수

이가네복두부의 두부

이가네복두부 두부정식

여행을 다니다보면 늘 먹고 자는 것이 문제다. 뭘 먹어야 하나 하고 곰곰이 생각하다 보면 가장 먼저 떠오르는 게 있다. 바로 두부다. 물론 개인적인 취향이기도 하지만, 부담 없이 먹을 수 있는 음식이기도 하고, 다양하게 즐길 수 있는 음식이기도 하다.

두부는 풍부한 단백질 공급원일 뿐 아니라 생명을 유지하는 데 꼭 필요한 필수아미노산과 칼슘을 다량 함유하고 있어 남녀노소 모두에게 좋은 음식이다. 두부의 역사는 기원전으로 거슬러 올라갈 만큼 깊고 오래되었다. 결국 두부는 대를 이어 내려온 전통음식이자 문화인 것이다.

글★사진 문일식

딸랑딸랑. "두부 사세요, 두부 사세요." 골목길을 따라 울리던 종소리와 굵직한 목소리가 울려퍼진다. 따끈따끈한 두부를 싣고 나온 두부 장수다. 두부가 팔려나가고, 이어 골목길에는 된장찌개 끓는 냄새, 두부 지지는 냄새가 그의 뒤를 잇는다. 1980년대에는 흔히 볼 수 있던 풍경이었다. 이렇듯 두부는 늘 가까이 두고 먹던 기호식품이다. 풍경은 많이 달라졌어도 두부는 늘 밥상에 올랐고, 혹은 다른 재료와 어울려 새로운 반찬이 되기도 했다.

두부가 우리나라로 전해진 것에 대해 정확히 알려진 바는 없다. 다만, 콩과 함께 전해진 것으로 알려져 있다. 두부가 고문헌에 최초로 등장하는 것은 고려시대 말 목은 이색의 「대사구두부래향」이라는 시에서다. "나물죽도 오래 먹으니 맛이 없는데 두부가 새로운 맛을 돋우어 주네. 이 없는 사람 먹기 좋고 늙은 몸 양생하기에 더없이 알맞다"라는 내용의 「대사구두부래향」은 두부와 함께 두부의 영양학적 내용도 전해준다.

목은 이색이 고려시대 사람이라는 것만 봐도 두부의 역사는 그보다 훨씬 이전에 들어왔음을 알 수 있다. 아마도 불교가 융성했던 삼국시대나 통일신라시대 때 중국 유학을 다녀온 스님들이 들여왔을 가능성도 높다. 두부는 고기를 먹을 수 없는 사찰음식에 적합할 뿐 아니라 영양학적으로도 단백질 보강 등 중요한 역할을 했기 때문이다.

조선시대에 들어서면서 두부는 왕실의 제사 때 쓰기 위해 만드는 최고의 음식 반열에 오르기도 한다. 다산 정약용의 『아언각비』라는 문헌에는 "모든 능원에서는 두부를 만들어 바치는데 이름하여 조포사라 하였다"라는 문장이 나온다. 조포사는 두부를 만드는 절이란 뜻이다. 두부는 사찰음식으로 전해져 왔고, 부처님께 올리는 귀한 음식이었다. 이를 알게된 왕실은 두부를 왕실 제사 때 활용하고자 했고, 이와 함께 두부를 만드는 사찰 즉 조포사를 지정해 왕실 행사 때마다 두부를 만들게 했던 것이다.

두부는 콩으로 만드는 가공식품이지만, 전혀 다른 영양 성분을 가진다. 콩은 두부에 비해 단백질 함량이 높지만, 인체가 흡수할 수 없는 형태로 남아 있다. 즉 콩은 소화가 잘 안 되지만, 두부는 소화흡수율이 100퍼센트에 가까울 정도로 소화가 잘된다. 단백질과 칼슘뿐 아니라 필수아미노산이 다량 함유하고 있어 최고의 건강식품으로 손꼽힌다.

들기름 향기 진한 옛 두부 맛 그대로 고향집

기린면 소재지에서 방태산자연휴양림 가는 길에서 만나는 '고향집'은 고향집처럼 푸근한 매력이 있는 두부집이다. 고향집은 방태산자연휴양림과 곰배령으로 가는 길목이자 조침령을 넘어 양양으로 가는 길목에 있다. 고향집 앞으로는 방태산과 점봉산에서 발원하는 청정한 물줄기가 흘러 내린천으로 향하고 있다. 이곳은 노부부의 삶의 터전이자 두부의 참맛을 즐기기 위해 찾는 사람들의 발길이 공존하는 곳이다. 그렇다고 특별하진 않다. 그저 대대로 내려온 방법으로 두부

고향집 손두부 두부구이와 두부전골

를 만들어내고 있다는 것과 이곳에서 나는 것들로만 만드는 상차림뿐이다.

고향집은 매일 새벽 6시면 두부를 만든다. 보통 콩 한 말을 두부 만드는 데 사용하는데, 단체손님이 있을 경우 두 말까지도 사용한다고 한다. 고향집은 내륙 산간에 위치해 있으면서도 해수를 간수로 사용하는 것이 특징이다. 간수로 쓰이는 해수는 양양군 낙산사 뒤편에 자리 잡은 설악해변에서 가져온다. 설악해변의 한 횟집에서 수족관에 넣는 정제된 해수를 가져오는데, 조침령을 넘어 한 달에 두 번 20l짜리 물통으로 10통씩 가져온다고 한다.

고향집의 가장 매력적인 음식은 두부구이다. 무쇠철판 위에 큼직한 두부가 올려져 나온다. 두부를 뒤집을 때 쓰는 뒤집개도 함께 딸려 나오는데, 직접 두부를 구

▲ 인제 곰배령 정상의 여름, 방태산자연휴양림의 이단폭포 주변의 단풍 ▼ 고향집 외관

워 먹어야 한다는 얘기다. 진한 들기름이 두부 사이를 비집고 차 있다. 무쇠철판에 열이 가해지기 시작하면 열받은 들기름이 두부 사이를 비집고 구워내기 시작한다. 두부구이는 노릇노릇하게 잘 구워내는 게 관건이다.

　고향집 두부는 야들야들하기 때문에 쉽게 부서지는 단점이 있다. 뒤집개를 이용해 잘 뒤집어야만 노릇노릇한 두부구이를 완성할 수 있다. 두부를 먹는 만큼이나 굽는 재미도 쏠쏠하다.

제주도에서 맛보는 특별한 해수두부, 선흘방주할머니식당

　제주도 하면 떠오르는 음식들이 많다. 옥돔과 갈치, 고등어 음식은 기본이다. 사

서우봉 가는 길에서 바라본 서우봉해변

면이 바다를 끼고 있는 섬이다 보니 주로 바다에서 나는 재료로 만들어진 음식들이다. 제주도는 화산활동으로 이뤄진 섬으로, 제주 사람들은 살기 위해 척박한 땅을 개간해야 했다. 제주의 돌담은 그렇게 만들어졌고, 제주의 들판은 그들의 피눈물과 땀으로 윤택해지기 시작했다. 한라산을 위시한 수많은 오름들 사이에 있는 제주의 들판은 그야말로 제주 사람들의 억척스러움이 빚어낸 결과물이다.

제주 동북쪽 중산간마을인 조천읍 선흘리에 있는 선흘방주할머니식당은 그 억척스러운 땅에서 길러낸 콩으로 두부를 만드는 곳이다. 식당 입구의 "농사 지은 우리 콩으로 할머니가 직접 만듭니다"라는 문구가 가장 먼저 반긴다. 두부를 만드는 콩은 선흘리 주변에서 재배한다. 백태와 서리태를 재배하는데, 백태는 두부를 만들고, 서리태는 콩물을 내 콩국수를 내는 데 주로 사용한다.

두부는 매일 필요한 양만큼만 만든다. 여섯 시간 이상 불린 콩을 곱게 갈아내는

제주 돌문화공원의 일몰

선흘방주할머니식당의 손두부와 직접 수확한 제주 콩

게 첫 번째 작업이다. 거품을 제거하면서 콩물을 짜내는 과정이 뒤를 잇는다. 짜낸 콩물을 가마솥에 넣고 끓인 뒤 간수를 하면 두부가 된다. 선흘방주할머니식당의 두부 간수는 제주의 청정한 바닷물을 정제해서 만든 해수를 사용한다. 완성된 두부는 다소 단단하고, 거친 입자가 보인다. 충분한 양의 콩을 사용하기 때문에 두부의 담백함은 타의추종을 불허한다. 두부 한 접시를 시키면 양념간장, 김치와 함께 장아찌가 나오는데 특히 장아찌와 두부의 조화가 제법 새롭다.

선흘방주할머니식당은 두부뿐 아니라 도토리와 고사리 등 나물을 이용해 다양한 메뉴를 내는 집이다. 콩뿐 아니라 더덕, 단호박, 오가피 등 다양한 채소를 직접 재배하고, 고사리는 주변에서 채취한다. 그야말로 "이것이 웰빙이다"라고 알려주는 음식을 내는 곳이다.

웰빙 식재료로 무장한 이가네복두부

2년 전 산촌체험마을 취재를 위해 양평 산촌생태마을을 찾았다가 우연히 들른 두부집이 있다. 젊은 내외가 운영하는 곳인데, 내부도 깔끔하고, 주방도 개방되어 있었다. 주방이 개방되었다는 것은 어떻게 보면 주인장의 자부심이자 자신감의 표현이다. 관심 있는 사람들은 주방에서 무슨 일을 어떻게 하는지 속속들이 들여다보기 때문이다. 다시 찾았을 때 더욱 놀랐던 것은 2년 전에 갔을 때 문을 연 지 얼마 되지 않았을 거라 생각이 들었는데, 올해로 7년이 되었다는 사실이다. 깔끔한 성격의 안주인이 마치 문을 연지 얼마 안 된 것처럼 관리를 철저하게 했던 것이다.

주인장의 부모님도 든든한 배경이다. 이곳 토박이인 부모님이 두부의 재료인 콩이나 다양한 밑반찬 재료를 직접 재배해 공급해주기 때문이다. 주인장 역시 텃밭 주변에서 감자, 고추, 배추, 취나물, 도라지 등을 가꾸며 밑반찬에 오르는 일등공신

양평 세미원

▲ 이가네복두부 두부정식과 두부　▼ 중미산자연휴양림과 황순원문학관

역할을 톡톡히 하고 있다.

두부는 주인장이 어머니한테 직접 배운 대로 만든다. 콩은 사용량이 많아 강원도 화천에서 공급되기도 한다. 하루에 대체로 두세 판 정도 만드는데, 약 한 시간 반 정도 소요된다. 전라남도 신안에서 올라오는 간수를 사용하며 약하게 여러 번 하는데, 이래야 두부가 부드럽고 야들야들해진다고 한다.

이가네복두부에서 내는 메뉴 가운데 두부정식과 두부전골이 가장 매력적이다. 두부정식은 이 식당의 다양한 두부 요리를 섭렵할 수 있는 요리로 두부보쌈, 두부조림과 함께 청국장과 다양한 밑반찬이 곁들여진다. 두부전골은 미나리, 양파, 청고추, 홍고추 등 다양한 채소가 곁들여져 매콤하고 담백하다.

Travel Tip

★ **고향집**
- **주소** 강원도 인제군 기린면 현리 196
- **전화번호** 033-461-7391 • **홈페이지** 없음
- **주차공간** 5대 가능 • **테이블 규모** 30석 정도
- **곁들이면 좋은 서브메뉴** 두부전골, 순두부찌개, 청국장, 두부보쌈, 손두부구이, 두부전골, 콩비지백반, 모두부백반
- **휴무일** 연중무휴 • **영업시간** 11:00~22:00

|주변 볼거리|| 방태산자연휴양림, 방동약수, 곰배령

★ **선흘방주할머니식당**
- **주소** 제주특별자치도 제주시 조천읍 선흘리 2040-1
- **전화번호** 064-783-1253
- **홈페이지** 없음 • **주차공간** 20대 가능
- **테이블 규모** 60석 정도
- **곁들이면 좋은 서브메뉴** 검은콩 단호박칼국수, 도토리묵밥, 흑돼지두부보쌈
- **휴무일** 매주 일요일
- **영업시간** 11:00~19:00

|주변 볼거리|| 거문오름, 산굼부리, 에코랜드, 제주 돌문화공원, 교래자연휴양림, 서우봉해변

★ **이가네복두부**
- **주소** 경기도 양평군 서종면 명달리 100
- **전화번호** 031-775-0001 • **홈페이지** 없음
- **주차공간** 10대 가능 • **테이블 규모** 100석 정도
- **곁들이면 좋은 서브메뉴** 두부보쌈, 두부전골, 두부조림, 두부정식, 청국장정식, 순두부, 생두부
- **휴무일** 연중무휴
- **영업시간** 10:00~20:00

|주변 볼거리|| 세미원, 두물머리, 황순원문학관, 중미산자연휴양림, 중미산천문대

진한 행복, 한잔으로
만끽할 수 있도다!

Menu 024

막걸리

금정산성 막걸리

진밭덜덜이국수 상차림

금정산성 막걸리 상차림

누룩 부침개

논두렁 밭두렁에 앉아 마시던 술, 뒷골목 대폿집 늙은 주모의 젓가락 장단을 권주가 삼아 들이키던 술. 막걸리는 노동의 고단함을 위로하는 힘이었고, 뒷골목 삶의 푸념을 들어주던 한풀이었고, 문인들의 가난한 위장을 채워주는 밥이요 낭만이었다.

막걸리가 뜨고 있다. 와인보다 25배나 높은 항암 물질이 들어 있다는 기사까지 나오더니 우후죽순 막걸리 전문점들이 생겨나고, 직접 술을 담그는 동호회까지도 생겨났다 홀대받던 막걸리도 빛을 보는 시대가 되었다니 술꾼의 입장에서야 반가운 소식이다.

글★사진 양근모

누구라고 먹을거리에 얽힌 진한 추억 한 가지쯤 없을까. 마당에 멍석을 깔고 개펄에서 건져온 조개와 텃밭에서 딴 애호박을 넣어 끓인 밀장국을 오가는 동네 사람들 불러 나누어 먹던 기억들. 먹을거리에 얽힌 오랜 기억이 나에게도 하나 있다. 바로 막걸리에 관한 추억이다.

뜨거운 햇볕이 정수리로 쏟아지던 여름 한낮, 세 살 아래 동생과 나는 막중한 임무를 부여받았다. 논일을 하고 계시는 아버지에게 새참을 나르는 일. 새참이라 해봤자 김치 한 종지에 한 되들이 노란 양은주전자에 가득 담긴 막걸리가 전부다. 세상에 심부름 좋아하는 아이는 드물어서, 나처럼 착한 아이도 별반 다르지 않았다. 가느다란 논두렁길을 걸어가며 입이 조금은 튀어나왔을 게다. 그래도 아버지에게 칭찬받는 착한 아들이 된다는 생각에 벼들이 푸르게 자라고 있는 길을 씩씩하게 걸었겠지.

그런데 아버지는 논에 계시지 않았다. 산그늘에 앉아 한참을 기다려도, 깜깜 무소식이었다. 매미는 시끄럽게 울어대는데, 그림자조차 보이지 않는 아버지를 기다리며 목이 말랐다. 주전자 주둥이를 입에 물고 한 모금 마셨다. 아으, 목젖을 적시는 그 시원한 맛이라니. 어린 꼬마의 입맛에도 막걸리는 착 달라붙었다. 피는 못 속이는 건지, 일곱 살짜리 꼬마 주제에 동생 녀석 또한 꿀떡꿀떡 잘도 받아 넘겼다.

아버지는 오랫동안 돌아오시지 않았고, 결국 두 꼬마는 막걸리 한 주전자를 다 비웠다. 배달사고다. 빈 주전자를 들고 집으로 돌아가는 길이 얼마나 멀고도 험했는지, 술 취한 꼬마 둘이 어떻게 살아남았는지는 지면의 한계로 생략한다.

막걸리만큼 시대의 애환이 담긴 술이 있을까? 가수 장기하는 허시명 작가의 『막걸리 넌 누구냐?』라는 책의 서평에 이런 말을 썼더라. "막걸리는 맥주만큼이나 시원하고 와인만큼이나 낭만적이다." 멋진 말이다.

술에 대한 신뢰, 금정산성 막걸리

양평 지평막걸리가 최고다. 아니다, 고양 배다리막걸리가 최고다. 입맛따라 사람따라 제각기 다르기 마련이지만 내 입맛엔 금정산성 막걸리다. 단맛이 적고, 은은한 누룩 향이 밴 깨끗하고 시원한 맛이 입맛에 닿는 탓이다. 박정희 전 대통령이 쌀로 막걸리 빚는 걸 엄격하게 규제하는 와중에서도 민속주1호로 정해서 전통을 이어갈 수 있도록 했다는 그 술. 웬만한 막걸리 애호가들이야 한번쯤은 마셔보았을 것이므로 긴 사설이 필요할까.

잘 빚은 술은 쌀과 누룩만으로도 수십 가지 다양한 향을 낼 수 있지만 별별 술을 찾다보면 술을 완성하는 것은 결국 사람이라는 결론에 도달한다는 믿음, 그런 믿

메인 안주가 나오기 전에 먼저 김치 한 종지로 마실 수 있다는 것도 막걸리의 매력

막걸리를 파는 주점들이 타운을 이루고 있는 금정산성 먹거리촌 입구

음으로 빚는 막걸리가 바로 부산 금정산성 막걸리다.

 금정산성을 쌓는 데 동원된 인부와 군졸들이 새참으로 갈증과 허기, 피로를 덜었다는 막걸리는 술을 빚는 누룩부터 다른 곳과 다르게 얇다. 그래야 누룩에 좋은 술을 만들어주는 세 가지 누룩곰팡이가 핀단다.

 처음 맛을 본 것은 부산이 고향인 후배가 택배로 보낸 술을 얻어 마신 때였다. 약간 새콤했지만 달지 않고 깔끔한 맛이었는데, 차게 마시면 새콤한 맛이 사라진다. 인터넷으로 주문을 하거나 막걸리 전문점에 가면 맛을 볼 수 있겠지만 금정산성 막걸리를 제대로 마시려면 아무래도 부산으로 행차를 해보는 게 좋겠다. 금정산성 먹거리촌은 양조장을 중심으로 '전원', '구름이 술을 빚고'와 같은 고만고만한

꽤 유명한 동래파전과 함께 하는 상차림. 막걸리는 단출한 안주로도 족한 술이다

막걸리집들이 밀집된 곳. 왕년에는 분위기가 꽤 괜찮았는데 이제는 평범해졌다고 부산 출신 후배는 불평한다. 어쨌든 자리를 차지한 곳은 상호조차 붙어 있지 않은 포장집. 잘생긴 소나무 가지 아래 깔린 평상에 앉아 막걸리 잔을 드는 일은 시적이다. 안주라고 해봐야 어느 곳에서나 맛볼 수 있는 파전이나 도토리묵뿐이지만 분위기만큼은 호화로운 레스토랑 못지않으니, 추워지기 전이라면 친구와 함께 찾아도 좋겠다.

술잔이 오가고 푸른 산과 시골스런 정취에 취해가는 눈에 세상은 돈짝만 하다.

누추하지만 마음을 편하게 만들어주는 매력을 가진 진밭덜덜이국수는 음식 맛도 뛰어난 편이다

분위기에 취하는 그곳, 진밭덜덜이국수

푸른 벼가 자라는 논을 바라보며 허름한 국수집은 빗속에 서 있다. 내 짧은 평생에 만나기 힘들었을 국수집. 아내가 친구들과 가끔 찾았다는 곳인데, 하염없이 내리는 비를 바라보며 앉아 있는 청승맞은 내 꼬락서니를 보고, 그녀는 문득 그 국수집 막걸리 맛을 떠올렸던 걸까? 손수 운전까지 해가며 나를 그 술집에 가져다 놓았다. 본디 함께 마시는 사람이 술맛을 좌우하는 법이어서 꽤 사이좋은 우리에게 그 집 막걸리 맛은 오래 남는다.

진밭덜덜이국수는 9사단 신병교육대 옆에 있다. 일부러 찾기엔 좀 번거롭다. 주로 한 시간쯤 걸린다는 일산 고봉산 둘레길 산책을 마치고 값싸고 맛난 국수로 출출한 배를 채우거나 막걸리 잔을 나누는 사람들이 찾는다. 하지만 음식 맛은 만만치 않다. 쫄깃한 국수 면발은 주인장의 자부심이 괜한 게 아님을 보여주고, 고양

막걸리와 함께 집어든 파전이나 골뱅이무침은 깔끔하다. 덜덜 떨며 먹는다는 덜덜이냉면은 시원하고 담백하다. 벽마다 꽤 알려진 사람들의 낙서와 사인이 가득했던 건 외양에 비해 속이 실하다는 반증이 아닐까 싶다.

사장님의 이력이 독특했다. 본래 어머니가 30여 년 한식집을 운영해서 식당일에 넌더리가 났고, 그게 싫어서 대기업에 취직을 했지만, 세상일이 만만치 않아 돌고 돌아 다시 식당을 해서 밥을 먹는다. 냉면 삶기와 불고기양념을 배우기 위해 3년 세월 달인을 쫓아 다녔다거나 일산 SBS방송국 앞에 돼지갈비집을 열어 문전성시를 이룰 정도로 성공을 거두었다는 이력은 한 번쯤 찾아가서 막걸리 잔이라도 기울이면서 들으면 소설책 한 권이다.

연기를 빼내는 시설이 갖춰져 있지 않아 그의 특기라는 돼지갈비는 맛볼 수 없었는데, 얼마 후에는 그 돼지갈비 맛을 다시 볼 수 있단다. 어떤 맛일까? 비가 오는 날이면 아내의 얼굴을 흘깃거리는 버릇이 생겼다.

골라서 마실 수 있는 곳이어라, 누룩

트렌드를 아는 사람들의 기본 코스는 단연 막걸리 바. 기존의 텁텁하고 우중충한 이미지를 버리고 웰빙과 퓨전, 그리고 고급화를 지향한다. 홍대입구에 나가 지인을 만나면 가끔 들르는 곳이 '누룩'이다. 근처에 최대포집이나 전을 부쳐 파는 막걸리집들이 꽤 있긴 하지만, 이곳을 선호하는 이유는 복작거리지 않고 조용하며 깔끔한 분위기 탓이다.

외관부터가 카페 느낌이 나는데, 일단 들어서면 한쪽 벽을 장식하고 있는 벽화와 소소한 인테리어들이 보통 막걸리집 분위기와는 다름을 알 수 있다. 그래서일

누룩의 매력은 다양한 종류의 막걸리와 카페 같은 분위기에 있다

까? 예술을 하는 사람들도 많이 찾는단다. 홍대입구의 분위기와 묘하게 어울리는 면이 있기 때문이리라. 금정산성 막걸리를 비롯해 10여 종의 막걸리를 팔고 있으니, 다양한 술을 골라서 마실 수 있다는 이점도 있다.

좀 특이하다면, 단품 안주를 파는 대신 한 상, 두 상, 세 상과 같은 세트 메뉴를 구성해서 내놓는다는 데 있다. 안주를 골라야 하는 피곤함을 덜어주려는 배려까지는 아니겠지만, 어쨌든 고민은 덜어준다. 어쨌거나 젊고 잘생긴 청년 사장의 어머니가 경상도식 조리법으로 만들어 내놓는 음식은 담백하고 정갈하다. 조미료를 쓰지 않는단다. 한 상은 보통 7~8가지 안주를 기준으로 이루어지는데, 고정된 메뉴는 아니다. 보통 한 상을 먼저 맛보고, 두 상이나 세 상은 한 상으로 부족할 때 추가로 가볍게 먹기 위한 메뉴들로 구성돼 있다.

안주의 맛과 술은 사실 어느 곳이라고 해도 큰 차이는 없다. '누구와 함께'가 문제다. 좋은 사람과 마시는 막걸리 한잔은 늘 나를 천국으로 인도한다. 사랑하는 벗과 막걸리 잔을 기울였던 누룩에서의 하룻저녁은 행복했고, 옆 상에서 막걸리 잔을 들어 건배하던 젊은 연인들도 그렇게 보이더라.

Travel Tip

★ **(유)금정산성토산주**

막걸리촌 대부분의 식당이 비슷한 분위기로 그다지 차별화 되어 있지 않고, 안주로 도토리묵이나 동래 파전 등을 판매하고 있다.

- 주소 부산광역시 금정구 금성동 554-1
- 전화번호 080-9000-5858
- 홈페이지 www.gumjung.co.kr

|주변 볼거리| 마을 전체가 저잣거리 분위기를 풍기는 막걸리촌이다. 금정산 정상은 야경촬영 포인트다.

★ **진밭덜덜이국수**

- 주소 경기도 고양시 일산구 성석동 601-3
- 전화번호 031-976-5190
- 홈페이지 없음
- 주차공간 5대 가능
- 테이블 규모 20석 내외
- 곁들이면 좋은 서브메뉴 국수, 냉면, 덜덜이삼겹살, 덜덜이돼지갈비
- 휴무일 명절 연휴
- 영업시간 10:00~22:00

|주변 볼거리| 고봉산, 헤이리

★ **누룩**

- 주소 서울특별시 마포구 서교동 329-28 3층
- 전화번호 070-4252-8596
- 홈페이지 없음
- 주차공간 없음
- 테이블 규모 30석
- 곁들이면 좋은 서브메뉴 없음
- 휴무일 매주 월요일
- 영업시간 17:30~03:00

|주변 볼거리| 홍대거리

건강식의 대명사, 늘 가까이 두고
먹어야 할 음식

Menu 025

콩

부부청국장의 청국장

피양콩할마니 콩비지

피양콩할마니의 맷돌

원동칼국수의 콩국수

예전부터 콩은 귀한 식량으로 음식의 재료가 되어 우리의 입맛과 건강을 지켜오고 있다. 조선시대 중기 실학자 이익은 『성호사설』에서 "곡식이란 사람을 살리는 것으로 그중 콩의 힘이 가장 크다"라고 하였다.
현대인들도 건강한 식생활을 추구하며 주목하는 대표적인 식재료가 콩이다. 웰빙 바람을 타고 주목받는 콩요리 세 가지를 소개한다.

글★사진 윤용성

콩을 삶아 찧고 모양을 내어 지푸라기로 묶어 처마 밑에서 한철 발효 과정을 거치면 메주가 된다. 이 메주가 된장, 고추장, 간장으로 다시 한 번 모양새를 달리하여 한철을 족히 묵으면 한국인의 밥상을 책임지는 3대 장이 된다.

찬이며 국이며 찌개가 모두 된장, 고추장, 간장의 공 없이는 제맛도 모양도 그 빛깔도 낼 수 없다. 그런데 콩에서 얻는 음식 재료 중에 큰 공들이지 않고도 얻을 수 있는 것도 있다. 청국장과 콩을 갈아 얻은 두유, 두부를 만들면서 얻는 콩비지가 그것이다. 콩을 삶아 사나흘을 적당한 온도에서 묵히면 청국장이 된다. 옛 고구려인들이 전쟁을 나갈 때 삶은 콩을 지푸라기로 만든 주머니에 담아 말안장에 넣고 다녔다고 한다. 사람과 말의 체온에 의해 발효된 콩을 비상식량으로 썼다는 것이다. 이런 연유에서 고문헌에서 지금의 청국장을 '전국장(戰國醬)'이라고 불렀다는 기록이 발견되기도 한다. 이렇게 속성으로 만들어진 청국장으로 찌개를 끓이면 그 맛이 깊고 몸에도 좋다. 청국장은 청국에서 유래하였다고 하여 청국장(淸國醬)이라고 표기하기도 하였으나 지금은 푸른 누룩으로 된 장이라는 의미로 청국장(淸麴醬)을 표준어로 쓰고 있다.

삶은 콩을 갈아 얻은 두유를 국수에 부으면 콩국수가 되는데 그것 또한 특별한 기교나 재료가 따로 필요하지 않아 간편히 얻을 수 있는 음식 재료이다. 삶은 콩을 맷돌에 갈아 걸쭉한 두유를 만들어두고 더운 여름 국수를 삶아 두유를 붓고 꽃소금으로 간을 하여 내면 여름철 별미 콩국수가 된다. 더위에 지친 몸을 위해 콩의 영양을 손쉽게 보충할 수 있으니 여름철 별미로 으뜸이다.

마지막으로 콩비지 역시 간편하게 재료로 쓰기 좋다. 두부를 만들려고 불린 콩을 갈아 두유를 내고 나면 찌꺼기로 남은 것이 콩비지다. 이것을 부재료와 같이 찌개를 끓여내면 곁들여지는 재료와 어울려 맛이 참 좋다. 찌꺼기로 남겨져 영양이 다 빠져 나갔을 것 같지만 식이섬유가 풍부한 고단백 음식 재료이다. 조금은 거칠게 입안에서 도는 식감을 오히려 즐기는 이가 많다. 싼 게 비지떡이란 오명도 있지만 정작 비지가 가지고 있는 성분은 훌륭하다. 요즘은 콩비지로 구운 쿠키, 콩비지로 고기 대신 속을 만들어 만든 햄버거 등 여러 변신을 시도하고 있다.

할머니처럼 정겨운 손맛, 부부청국장

부부청국장의 청국장

청국장을 대하면 작고하신 할머니를 자연스럽게 떠올리고 만다. 청국장을 직접 띄우시고 자주 상에 올리셨는데 당신의 외아들, 나의 선친께서 참 좋아했던 탓이다. 된장찌개보다 청국장찌개가 더 친숙할 정도다. 자연스럽게 손자의 입맛도 길들여졌다.

청국장이야 전국 어디에서도 먹을 수 있는 한국 대표 건강음식이다. 굳이 익산에서 그 맛을 찾은 것은 할머니께서 시집을 와서 오랜 시집을 보냈으니 손맛도 장맛도 그곳에서 얻지 않으셨을까 하는 생각에서였다. 그리고 그 손맛을 닮은 누군가 장맛을 내고 있지 않을까 하는 기대 때문이었다. 그렇게 익산에서 청국장을 내어 파는 작은 식당을 찾은 곳이 중앙동의 부부청국장이다.

주변은 반듯반듯 도회지 모양을 갖추어가는 것이 역력했지만 밖에서 보는 식당은 다소곳하고 안은 허름하였다. 불쑥 들어간 식당에서 마주친 친숙한 얼굴. 지인도 아닌데 자꾸 없는 기억을 더듬었다. 자주 들었던 말투며, 본 듯한 얼굴이 먼 친척집이라도 찾은 기분이었다. 식당 주인을 본 첫인상은 그렇게 정겨웠다.

맛이 궁금한 청국장을 대면하자 미리 비워둔 배에서 고동이 울렸다. 맛은 순했다. 내 입맛을 길들인 청국장은 강한 맛이었는데 순한 그 맛에 실망할 뻔했다. 하지만 회를 거듭하여 혀를 적신 순한 청국장에서 깊은 맛을 느꼈다. 실망이 호기심으로 바뀌고 자극적이지 않으면서 깊은 맛에 이내 밥 한 공기가 비워졌다.

찬이 따로 없어도 좋을 듯했다. 하지만 가지런히 펼쳐놓은 찬에 눈이 갔다. 찬을

부부청국장 외관과 정갈한 상차림

내놓은 모양새를 보면 음식을 내어 파는 이가 객을 생각하는 마음이 보이기 마련이다. 많지도 적지도 않게 적당히 내어놓은 몇 가지 찬에서 정갈하고 알뜰한 주인의 마음 씀씀이가 느껴졌다.

할머니의 청국장 맛을 잊을 수는 없겠지만 세상에는 또 다른 맛의 청국장이 있고 때론 이곳을 지나는 여행길을 고대할지도 모르겠다.

땡볕 한여름 젖동냥을 하듯 들이켰던 원동칼국수

불혹의 나이에 거부할 수 없는 유혹에 홀리듯 문득 떠났던 자전거 여행을 추억

원동칼국수 외관과 진한 콩국수 한 상

한다. 서울에서 경상북도 왜관까지 쉬엄쉬엄 느린 자전거 여행을 했다. 보고 싶은 벗이 여행의 종착지에 있었고 꼭 한 번 자전거를 타고 먼 길을 떠나보리라는 바람이 물리칠 수 없는 유혹이 되어 등을 떠밀었다.

1번 국도를 따라 달린 자전거가 대전에 닿았고 대전에서 4번 국도를 갈아타고 옥천을 지나던 뜨거운 여름이었다. 불혹의 여행자는 땡볕에 지치고 주린 배를 채워야 했다. 지칠 대로 지쳤는데 식당은 눈에 들어오지 않았다. 계속되는 한적한 길과 뜨거운 아스팔트 오르막길에서 찾은 식당은 사막에서 찾은 오아시스와 다르지 않았다.

콩국수를 평소 많이 즐기는 편은 아니었다. 진한 콩국물에 시원하게 담긴 국수를 한 끼 별미로 마다하지 않는 호감 정도는 있었는지라 뜨거웠던 그날은 칼국수보다는 당연히 콩국수와 마주했다.

진한 콩국물을 들이켜는데 걸쭉하게 내 목을 간질이고 넘어가는 두유의 목 넘김이 동냥젖이라도 물고 주린 배를 염치없이 채우는 갓난아이 같았다. 그렇게 이름도 기억하지 않은 채 추억하던 식당이었다.

찾기 힘든 줄 알지만 추억을 깨워 지면을 통해 그 맛을 소개하고 싶었다. 그래서 자전거 대신 자동차로 다시 찾은 그 식당은 자리를 옮겨 길 건너편에 '원동칼국수'라는 간판을 걸고 영업을 하고 있었다.

식당 주인인 듯한 분이 계셔 이렇게 자리를 옮긴 연유를 묻자 "드나드는 손님이 늘어 장사가 되는가 싶으면 가게 세를 턱없이 올려 배기지 못하고 세 번째 자리를 옮겼다오"라고 대답했다.

그해 여름을 추억하며 다시 마주한 콩국수를 점잖게 먹으며 '아 이 맛이었구나'라고 되새김질했다. 진했다. 서울에서 가끔 한 끼 별미로 먹던 머얼건 콩국수가 아니었다. 속이 꽉 찬 만두를 베어 물고 흡족해 할 때의 충만함과 걸쭉한 두유에서 진함이 느껴졌다. '두 배 진한 검은 콩국수'라고 커다랗게 써놓은 맛 자랑 문구가 무색하지 않았다. 콩은 국산 콩만을 거짓 없이 사용한다 하였다. 찬으로 곁들여 먹은 김치며 깍두기가 약간 텁텁한 입맛을 개운하게 씻어주었다.

4번 국도를 타고 옥천을 향해 지나는 길이라면 잠시 들러 그 맛을 시험해도 좋을 것이다.

통 하나로 제대로 맛을 내는 피양콩할마니 콩비지

두부보다 콩비지를 더 좋아한 것 같다. 가끔 두부요리를 전문으로 하는 식당에 가면 찬과 함께 전채요리처럼 나오는 콩비지를 본 요리보다 더 맛있게 즐겼다. 그

피양콩할머니 콩비지 한 상과 식당 입구 그리고 맷돌

리고 두부 전문 식당에서 두부를 만들고 나온 콩비지를 무료로 가져가도록 한다는 것을 알고 늘 욕심을 냈었다.

귀할 것도 별스러울 것도 없는 콩비지의 제대로 된 맛을 내는 할머니가 딸과 함께 콩요리 전문 식당을 꾸리고 계셨다. "할머니 피양이 뭐예요?" 누군가 물었다. 피양은 평양을 말하는 북한 사투리가 아닌가. 당신께서 평양에서 월남하셨다는 말을 보태며 답하신 할머니의 대답도 그랬다.

화학조미료를 사용하여 맛을 낸다면 제대로 된 맛을 낸다고 할 수 없다. 할머니께서는 조미료를 쓰지 않고 음식 맛을 내고 계셨다. 큰 자랑으로 하시는 말씀에 힘이 실렸다. 가마솥이 걸려 있고 맷돌이 보이는 것만으로 할머니 요리의 내공을 짐작할 수 있었다.

두부를 만들기 위해 두유를 내고 남은 찌꺼기가 콩비지이지만 할머니는 콩을 갈아서 고스란히 비지찌개를 만드는 데 쓰신다고 하셨다. 그만큼 고소하고 따로 빼앗긴 것 없는 영양 면에서도 최고라는 따님의 설명도 그럴듯했다. 매일 같은 찬을 내지 않고 다양한 찬을 정갈하게 번갈아 내어 놓는다는 말은 또 하나의 자랑이었다.

내어온 뽀얀 콩비지를 보았을 땐 솔직히 낯설었다. 거칠고 투박한 콩비지찌개를 즐겨왔기 때문일 것이다. 평민이 먹는 음식을 보고 양반이 탐을 내다가 공들여 만든 신분 상승 콩비지찌개를 보는 것 같았다. 조심스럽게 혀를 놀리다 넘긴 첫 맛은 진하고 부드러웠다. 평소 깔깔하게 입안을 간질이고 넘던 친근한 맛은 아니었지만 포근한 할머니 품에 안겼을 때처럼 편안하게 피양콩할머니의 비지찌개 맛을 기꺼이 받아들였다.

어릴 적 할머니의 젖가슴을 만지던 기억이 그리움을 보채거든 '피양콩할머니'를 찾아 뽀얀 비지찌개 한 그릇으로 달래보는 건 어떨까.

Travel Tip

★ 부부청국장
- 주소 전라북도 익산시 중앙동 3가 47-3
- 전화번호 063-853-2558
- 홈페이지 없음
- 주차공간 집 앞에 주차 가능
- 테이블 규모 40석 정도
- 곁들이면 좋은 서브메뉴 김치찌개
- 휴무일 명절 연휴
- 영업시간 09:00~21:00

|주변 볼거리| 서동공원, 익산중앙체육공원, 익산보석박물관

★ 피양콩할머니
- 주소 서울특별시 강남구 대치동 894-14
- 전화번호 02-508-0476
- 홈페이지 www.piyang.co.kr
- 주차공간 집 옆에 주차장 있음
- 테이블 규모 50석 정도
- 곁들이면 좋은 서브메뉴 만둣국, 수제비, 수육 외 다수
- 휴무일 명절 연휴
- 영업시간 10:00~23:00

|주변 볼거리| 삼릉공원, 시민의숲

★ 원동칼국수
- 주소 충청북도 옥천군 이원면 원동리 305-2
- 전화번호 043-732-8999
- 홈페이지 없음
- 주차공간 10대 가능
- 테이블 규모 60석 정도
- 곁들이면 좋은 서브메뉴 칼국수, 만둣국
- 휴무일 연중무휴
- 영업시간 11:00~21:00

|주변 볼거리| 육영수생가, 금강유원지

건강은 기본, 추억은 덤,
사악한 기운까지 막아준다

Menu 026

팥죽

산수팥죽 팥칼국수

문호리팥죽 상차림

십전대보탕

서울서둘째로잘하는집
단팥죽 안에 있는 찹쌀떡

동짓날이 되면 부엌에서 소리가 요란하다. 어머니가 피곤한 몸을 일으켜 새벽부터 가족을 위해 무언가를 준비하는 탓이다. 동이 틀 무렵 구수한 냄새가 집안을 가득 메운다. 이윽고 거실과 연결된 부엌문이 열리자 환한 웃음으로 상을 차려 오신다. 상에는 네 가족이 먹을 네 개의 그릇에서 모락모락 김이 올라온다.
"팥죽을 먹으면 건강해지고 나쁜 일들은 피해간다고 하는구나." "잘 먹겠습니다." 그리고 두 손으로 팥죽 그릇을 잡고 입김을 불었다. 지금도 추운 겨울이 찾아오면 유독 생각나는 따뜻한 '팥죽' 한 그릇은 어머니의 환한 미소가 떠오르고 가슴이 따뜻해지는 음식이다.

글★사진 이진곤

동지에 팥죽을 먹었다는 기록은 고려시대부터 등장한다. 고려시대 말 학자인 이색의 『목은집』에 의하면 동짓날 흩어진 가족들이 모여 팥죽을 끓이고 채색 옷을 입고 부모님께 장수를 기원하며 술을 올리는 것을 큰 즐거움으로 여겼다고 한다. 이처럼 동지는 한해를 정리하고 새해를 맞이하기 위한 시점이라는 사실을 내포하고 있다.

우리나라 풍토에 맞는 농법을 보급하기 위해 편찬한 『농사직설』에 의하면 팥은 벼, 조, 피 다음으로 기록되어 있으며 강희맹의 『금양잡록』 '곡품조'에는 80개의 곡물 중 팥이 차지하는 비율이 벼, 조, 콩 다음일 정도로 조선시대의 중요한 곡물이었다고 한다.

동지는 24절기 중의 하나로 1년 중 밤이 가장 길고 낮이 가장 짧은 날이다. 고대인들은 동지를 태양이 죽음으로부터 부활하는 날이라 생각하고 태양신에게 제사했다고 한다. 또한 모든 생물이 꿈틀거리기 시작한다고 생각한 날이 동지이다.

붉은 팥죽을 먹는 까닭은 웃어른의 건강을 점검하고 가정 내 사악한 기운이 침범하지 못하도록 경계함에 있었다. 더욱이 이웃과 팥죽을 돌려 먹으면서 함께 한다는 공동체 연대의식이 내포되어 있기도 하다. 『영조실록』의 동짓날 팥죽을 끓여 종로거리의 걸인에게 먹인 기록으로 보아 빈민구제책으로도 이용되어 사람을 살리고 가정을 화목하게 하는 음식 이상의 의미를 지니고 있었음을 알 수 있다.

날씨가 쌀쌀해진 겨울철 동짓날에 먹는 팥죽은 영양이 풍부해 겨울철 보양식으로 손꼽힌다. 팥은 탄수화물, 단백질이 풍부하고 인, 칼슘, 철 등의 무기질과 비타민이 골고루 함유되어 있다. 또한 사포닌이 들어 있어 장 기능을 원활하게 하여 변비를 예방해주기도 한다. 지금에 와서는 동짓날뿐만 아니라 사시사철 별식으로 꾸준히 사랑받고 있다.

어머니의 손맛을 그대로 맛보다, 산수식당

시대가 지나도 아련한 추억을 떠올리게 하는 노래처럼 꾸준히 인기를 얻으며 옛 추억을 떠올리게 하는 전통음식이 팥죽이다. 우리가 산수식당을 찾던 날도, 화순에서 중년 아주머니 세 분이 아침 일찍부터 맛을 잊지 못해 멀리서 찾아왔다고 하시며 이 집 팥죽 맛을 보면 다시 찾아오게 된다고 저마다 이야기꽃을 피우신다.

매스컴에 알려지기 전부터 맛과 건강, 정성으로 입소문이 난 음식점이다. 산수식당이 있는 산수시장은 광주에서 그리 큰 시장이 아니다. 여느 가게처럼 별다르게 보이지 않는 작은 가게이다. 이른 아침부터 하루 먹을 양을 준비하느라 손놀림이 분주하다.

산수식당이 있는 산수시장 골목 전경과 식당 입구

"팥죽은 무엇보다도 국산 팥으로 해야 제맛이지"라고 하시며 익숙한 솜씨로 팥을 삶는다. 어머니가 손수 해주시는 것처럼 주문한 양만큼 따로 덜어 팥앙금으로 끓인다. 그 사이 쫄깃한 맛을 유지하기 위해 즉석에서 만든 반죽을 칼로 싹둑싹둑 잘라 펄펄 끓는 팥앙금에 칼국수를 함께 넣는다. 기계의 힘을 빌리지 않고 모든 과정이 아주머니의 손을 거쳐 간다.

"면을 기계로 뽑지 않으시네요."

▲ 설탕을 넣어 먹는 산수식당 팥칼국수와 물김치 ▼ 영화배우 문근영 사인과 시원한 물김치를 담그는 사장님

"기계로 뽑은 면과 직접 손으로 낸 면이 어디 같은가요?"

"안 힘드세요?"

"무척 힘들죠. 그래서 지금은 손목이 너무 욱신거려요. 그래도 손님 생각하면 아픈 것도 잊고 해야지요."

산수식당에 팥죽만큼이나 인기가 많은 것이 바로 시원한 물김치이다. 그 맛을 잊을 수 없어서 물김치만 사가는 손님도 있다고 하니 팥죽 부럽지 않은 몸이시다.

시간이 지난 흔적을 그대로 느낄 수 있는 양은쟁반에 고소한 팥죽 냄새와 보기만 해도 감칠맛 나는 물김치의 궁합은 환상적이다. 팥의 텁텁함을 잊게 하고 시원함을 채워주는 맛이 가히 일품이다. 영화배우 문근영이 다녀가 유명세를 탔던 곳이기도 하다.

하지만 그런 유명세보다 이른 새벽부터 대여섯 시간씩 만들어낸 정성이야말로

▲ 옹심이가 가득한 팥죽 상차림과 팥죽 조리 장면 ▼ 문호리팥죽 외관과 실내 전경

산수식당의 숨은 공신이다. 정성과 사랑이 담긴 맛 이전에 어머니의 따뜻함을 느낄 수 있어서 좋다.

여름철 몸의 균형을 잡아주는 팥죽, 문호리팥죽

　문호리팥죽은 서울에서 춘천 방향으로 서울춘천고속도로에서 서종IC를 빠져나와 391번 지방도에 있다. 찾아간 날은 여름의 막바지, 햇볕이 쨍쨍하고 무척 더운 날이었다. 여름에는 팥음식을 종종 먹을 필요가 있다. 팥은 장을 따뜻하게 해주기 때문에 찬 음식을 많이 먹어 차가워진 몸의 균형을 잡아준다. 팥은 칼로리가 적고 식이섬유가 많아 다이어트 음식으로 좋다. 더위에는 시원한 음식이 당기지만 막상

코스모스가 핀 문호리팥죽 앞 도로

김이 오르는 팥죽을 대하니 군침이 돈다. 진하지 않은 팥죽과 옹심이가 입안에서 섞여 걸쭉해지며 팥 고유의 맛이 가득 채운다.

주인아주머니께서는 국산 팥만을 고집하며 최대한 팥의 효능을 살리려고 했다. "저희는 삶을 때 비타민 파괴를 막기 위해 소다를 넣지 않아요. 삶을 때 전분을 넣는 집도 있지만 팥 고유의 맛을 즐기시라고 넣지 않아요." 고유의 맛을 지키려는 고집이 조금은 무른 팥죽에 그대로 담겨 있다. "설탕은 될 수 있는 대로 넣지 마세요. 팥에 있는 사포닌 성분을 파괴하거든요." 흐린 팥죽과 함께 나오는 물김치와 무말랭이는 문호리팥죽만의 밑반찬으로 팥죽과의 궁합이 절묘했다.

술술 잘 넘어가는 팥죽은 어른뿐만 아니라 아이들이 먹기에도 좋다. 사소한 것 하나까지 팥죽의 제맛을 지키는 장인 정신을 엿볼 수 있다. 여름이면 구수한 팥죽이 생각날 것만 같다.

30년동안 사람들의 입맛을 훔친 서울서둘째로잘하는집

삼청동은 외국인들이 많이 찾는 거리이다. 경복궁 돌담길을 따라 시작하는 길은 한국적인 정취를 느낄 수 있다. 저마다 개성이 가득한 인테리어를 한 옷가게와 전통가게를 걷는 것만으로도 눈이 즐겁다. 정신없이 구경하다가 배에서 꼬르륵 소리가 나면 따뜻하고 달달한 단팥죽을 먹어보자.

오랜 시간만큼이나 많은 사람들에게 맛으로 기억되는 곳을 꼽는다면 서울 삼청동에 자리한 서울서둘째로잘하는집이다. 첫 번째도 아니고 두 번째로 잘 하는 집의 주메뉴는 단팥죽과 한방차이다. 한 끼 식사의 개념보다 출출할 때 간식으로 먹으면 좋으면 단팥죽과 곁들여 특유의 향과 온기를 가진 한방차를 마시면 좋다.

▲ 단팥죽과 식혜 그리고 서울서둘째로잘하는집 상차림 ▼ 가게 전경

　원래 한방 찻집이었지만 지금은 팥죽으로 더욱 유명해진 집이다. 통팥이 아니라 앙금으로 만들어 부드럽고 달짝지근한 맛을 잊지 못해 한번 찾은 손님들이 다시 찾아온다고 한다. 팥과 비슷한 빨간색 그릇에 뚜껑을 닫아 내온 단팥죽은 온기와 맛을 그대로 살려준다. 뚜껑을 열면 팥죽 위에 밤, 콩, 은행, 새알을 살짝 올리고 계피가루를 뿌려 식감을 더욱 좋게 해준다. 누가 빼앗지도 않는데 개 눈 감추듯 뚝딱 먹어 치운다. 입안에서 살살 녹는 달콤한 맛에 한 번 수저를 들면 내리지 못할 정도다.

서울서둘째로잘하는집에서 본 야경

　식탁이 많지 않기 때문에 주말에는 줄을 서야 할 정도로 유명하다. 식사하는 동안 내국인보다 외국인이 더 많이 찾아와 단팥죽을 주문하는 걸 보면 오히려 해외에 더 많이 알려진 곳인지도 모르겠다. 혹시 외국인 친구가 한국의 음식을 먹고 싶다고 하면 추천해주고 싶은 곳이기도 하다. 거기에 팥죽에 대한 의미까지 설명해 준다면 당신은 한국의 문화를 알리는 외교관이나 진배없을 것이다.

```
Travel
  Tip
```

★ 산수식당
- 주소 광주광역시 동구 산수1동 557-24
- 전화번호 062-225-4933 • 홈페이지 없음
- 주차공간 주차장은 없고 산수시장 주변에 세울 수 있다.
- 테이블 규모 방 하나와 테이블 4개
- 곁들이면 좋은 서브메뉴 콩물국수, 호박죽
- 휴무일 명절 연휴
- 영업시간 09:00~20:00

|주변 볼거리| 무등산 주상절리대, 남도향토음식박물관, 증심사, 광주 문화1번지 양림동, 국립5.18민주묘지, 광주호, 국립광주박물관

★ 문호리팥죽
- 주소 경기도 양평군 서종면 문호리 666-6
- 전화번호 031-774-5969
- 홈페이지 www.moonhori.com
- 주차공간 6대 주차 가능
- 테이블 규모 단체손님을 받을 수 있는 방 하나와 테이블 8개
- 곁들이면 좋은 서브메뉴 칼국수, 들깨수제비, 해물파전
- 휴무일 명절 연휴
- 영업시간 10:00~21:00

|주변 볼거리| 황순원문학촌, 양평 5일장, 용문산 국민관광지, 두물머리와 세미원, 수종사

★ 서울서둘째로잘하는집
- 주소 서울특별시 종로구 삼청동 28-21
- 전화번호 02-734-5302
- 홈페이지 없음 • 주차공간 없음
- 테이블 규모 테이블 5개
- 곁들이면 좋은 서브메뉴 십전대보탕, 녹각대보탕, 수정과
- 휴무일 명절 연휴
- 영업시간 12:00~21:00

|주변 볼거리| 경복궁, 국립민속박물관, 안국동윤보선가, 종친부 경근당과 옥첩당(정독도서관 내), 화개길 벽화골목, 세계장신구박물관, 삼청동 전망대, 기기국 번사창(한국금융연수원 내), 삼청공원, 칠보사, 여덟판사의 동네이야기 팔판동길과 판서길, 안동별궁터 및 담장길(풍문여고 내)

고운 빛깔을 담은 균형 잡힌 영양식,
우리의 밥상

Menu 027

한정식

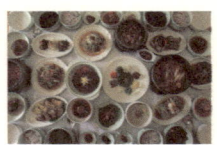
우리가 즐겨먹는 한정식 상차림

오방색으로 꾸며진 고운 빛깔의 구절판

맛깔스럽게 구워낸 전복구이

맛과 영양이 가득 담긴 전통 갈비찜

"진지는 드셨습니까?" "밥은 먹고 삽니다." 한국인들이 주고받는 기본 인사는 주로 밥으로 시작한다. 그만큼 밥을 먹는 일은 중요하다. 매일 먹는 우리의 음식을 한식이라고 한다면 한정식은 한식의 꽃이라 할 수 있다. 한정식은 산해진미와 화려한 오방색의 빛깔을 입혀 우리 몸의 균형을 잡는 영양식이다.

지역이나 집안 전통에 따라 조리법과 식재료가 다양한 한정식은 밥과 국, 김치, 조치(찌개), 간장, 초장 등을 제외한 반찬으로 생채, 숙채, 구이류, 조림류, 전류, 장과류, 마른반찬, 젓갈류, 회, 편육 등의 수에 따라 3첩, 5첩, 7첩, 9첩, 12첩으로 나뉜다.

글★사진 권현지

집안 어른들의 생일상이나 특별한 손님을 격식을 갖춰 대접하고 싶을 때 제일 먼저 떠오르는 메뉴는 한정식이다. 하지만 한정식은 손도 많이 가고 음식과 시간 낭비가 따를 수 있어 한정식을 선택할 때는 주로 전문 식당을 찾는다.

한정식 하면 제일 먼저 떠오르는 곳이 전라도 전주. 전주는 태조 이성계를 모신 경기전이 있어 연중 여러 차례 제례를 지내기 때문에 한정식의 전통이 그대로 이어져온 고장이다. 호남 곡창지대의 기름진 쌀과 인근 서해안으로부터 실시간으로 들어오는 각종 해산물, 근처 산과 들에서 나는 산나물, 강과 냇가에서 잡아 올린 민물고기와 새우가 전주의 요리 솜씨를 뽐내는 데 일조한다.

이에 반해 서울에는 직접 생산된 특산물은 없지만 전국에서 유명하다는 음식이 다 모여 있다. 여기에 궁궐음식과 사대부의 전통이 그대로 전수되어 음식에 격식과 맵시까지 갖춰져 있다. 서울의 음식은 짜지 않고 음식의 가짓수에 비해 양은 적게 차린다. 최근 서울의 한정식은 서양의 음식처럼 코스 요리가 일반적이다.

경상도 한정식도 그곳의 지리적 특성과 음식 관례를 많이 따르는데 바다가 없는 내륙 지역은 해산물을 말리거나 절인 요리법이 발달되어 있다. 경상도 한정식은 주로 양반가에서 내려오는 종가음식에서 찾아볼 수 있다.

대대로 내려오는 종가에서는 손님을 접대할 때 그 집안의 전통음식을 낸다. 경상도 여러 지역 중에서도 경주는 신라 천년의 역사를 지닌 고장이기에 음식에도 품격과 전통이 한층 가미돼 있어 나름대로 한정식의 고수로 여겨진다.

서민들도 즐겨 먹는 전라도 한정식의 진수, 전라회관

완산 칠봉의 제1봉에 해당하는 산자락 아래 위치한 전라회관의 마당으로 들어서자 'ㄱ자'형의 단아한 기와집이 한눈에 들어온다. 처마 아래의 문설주와 윤기가 반짝반짝 흐르는 마루가 정겹다.

전라회관의 한정식은 한번에 네 명이 먹을 수 있는 한정식을 고수한다. 댓돌 위에 신발을 가지런히 벗어놓고 문지방을 넘어 방 안으로 들어가자 오래된 병풍 앞에 한 상 가득 음식이 차려져 있다.

60년 전통의 전라회관은 3대째 내려오고 있다. 장류를 손수 담그는 것은 기본이고 요즘 세태인 퓨전요리를 허용하지 않는다.

정갈하게 얹은 모양부터 구미를 당기는 전라회관의 홍시죽순채

맨 먼저 숟가락이 가는 것은 전채요리 격인 들깨죽. 껍질을 깐 들깨를 곱게 간 죽에 머위대가 들어 있어 구수한 들깨 향과 머위대의 아삭거림이 입안으로 번진다. 이어 색깔이 다채롭고 식욕을 돋우는 구절판으로 손이 간다. 구절판은 아홉 가지 음식을 골고루 먹을 수 있어서 조화와 균형을 이루는 음식이다. 얇은 밀전병은 치잣물을 들여 노란 빛을 띠고, 부추를 갈아 만든 초록색으로 입맛을 한층 돋운다.

홍시를 소스로 끼얹은 홍시죽순채가 먹음직스럽다. 노란 죽순에 쇠고기와 미나리, 숙주, 표고버섯 등이 곱게 얹혀 있다. 붉은 홍시로 소스를 만든 것이 독특하여 구미를 당기는데 아니나 다를까, 이 홍시는 전주 10미 중 하나인 '파라시'의 맛이

▲ 빛깔이 고와 더욱 먹음직스러운 전라회관의 밀전병과 주인이 정성들여 가꾼 다육식물들
▼ 보기만 해도 푸짐한 전라회관의 한 상 차림새와 전라회관 한옥의 정갈한 마루 풍경

라고 한다. 파라시는 음력 8월에 익어서 '8월시'라는 이름에서 유래된 것으로 여느 감보다 일찍 익는 조홍시다. 조홍시는 수분 함량이 적어서 차지고 맛도 훨씬 달달하다. 전주 10미에는 조홍시 외에 미나리, 황포묵, 모래무지, 콩나물, 게, 애호박, 무, 서초, 열무가 있다. 전주의 음식 맛을 내는 데에는 전주 10미에 해당하는 식재료가 주로 이용된다.

　민물새우와 무를 넣고 끓인 민물새우찌개의 국물 맛은 시원하고 입안을 개운하게 씻어주는 느낌이다. 화려한 음식 사이에 얼굴을 살짝 내민 토하젓과 대구아가미젓, 검은색의 석화젓 또한 전라도 특유의 맛을 보여준다.

　전라회관에서 가장 독특한 것은 주변 강가에서 잡은 모래무지조림이다. 하지만 모래무지조림을 사철 언제나 맛볼 수 있는 것은 아니다. 계절과 시기를 잘 맞춰 가

한국의집이 자랑하는 전통한옥 구조

야 먹을 수 있는 전라회관의 특별 반찬 중 하나다.

세계화 속에서 경쟁력을 갖춘 한정식의 본보기, 한국의집

　서울의 남산 아래 위치한 한국의집은 사육신 중 한 분이었던 박팽년의 사저가 있던 자리로 대한민국정부 수립 후에는 영빈관으로 사용되기도 했다. 우리나라 전통 가옥과 궁중 건축까지 가미된 한국의집은 중요무형문화재 대목장 신응수가 경복궁의 자경전을 본떠서 지은 것이다. 안채, 사랑채, 별당, 정자, 연못이 어우러진 한국의 멋을 감상하고 격조 높은 한정식도 먹으면서 조상들의 옛 정서를 한껏 느

전라회관 전경

▲ 식전 애피타이저로 나오는 구절판과 오절판, 한국의집이 선보이는 격조 높은 한정식 차림상
▼ 맛과 영양이 가득한 장어구이와 후식으로 나오는 떡과 오미자 차

낄 수 있다.

　한국의집은 서울을 대표하는 음식점이라 해도 무방하다. 세계화에 발맞추기 위해 한정식을 코스로 낸다는 점이 전라회관과 다르다. 음식의 순서는 가격대에 따라 약간씩 다르지만 대체로 전채요리 구절판과 오절판으로 시작하여 죽과 물김치, 애피타이저용 전채 3종 요리, 전유어, 장어구이, 신선로, 약선 해물초, 새우관자구이, 갈비구이 그리고 밥과 국에 곁들이는 기본 반찬이 순서다.

　식전 요리로 나오는 구절판에는 쇠고기, 표고버섯, 무, 당근, 계란노른자 등을 얇게 채로 썬 아홉 가지 음식이 담겨 있다. 그중에 돋보이는 것은 파채다. 쇠고기와 채소를 밀전병에 얹고 파채도 함께 넣어 먹으니 예상외로 그 맛이 깔끔하다. 오절판에 담긴 것은 식사 중 반주를 마실 때 곁들여 먹는 호두, 살구, 밤 등 말린 안주류다.

녹두죽에 물김치를 떠먹은 다음 수삼샐러드와 전유어, 장어구이 등으로 허한 기와 입맛을 충족시킨다. 뒤이어 나오는 것은 신선로다. 신선로는 화구가 달린 그릇에 음식을 담아먹는 것이다. 고기와 두부, 은행 등 갖가지 식재료가 한데 어우러진 맛이 일품이라서 가히 신선이 먹는 귀한 음식으로 여겨진다.

한국의집에서 맛보는 한정식은 무엇보다 한국적인 미가 가득한 분위기에 점수를 줄 수 있다. 대나무와 대추나무, 모과나무 등 유실수에 매달린 과일들이 입맛을 당기게 하고 가볍게 들려오는 국악 소리도 품격을 더해준다. 비록 자주 가지는 못한다 하더라도 도시생활에 쫓겨 여유를 가질 수 없을 때 한 템포 늦추고 한국의집에 들러보자. 여유로운 한정식으로 다소 진정될 수 있을 테니.

대대로 내려온 종가의 전통음식, 요석궁

요석궁은 경주 최부잣집의 전통음식을 맛볼 수 있는 한정식집이다. 12대에 걸쳐 부잣집의 명성을 이어온 경주 최 씨 가문의 마지막 종손 최준 씨의 동생 최윤이 운영하는 음식점이다. 요석궁이라는 명칭은 이 집터에 신라시대 원효대사와 요석공주의 사랑이 담겨 있고 그들의 아들 설총이 살았던 곳이라는 이야기를 모태로 했다.

요석궁으로 들어서면 음식을 대하기에 앞서 양반가의 격조 높은 모습을 먼저 발견하게 된다. 오래된 소나무가 숲을 이루는 정원과 위엄을 갖춘 기와집 곳곳에 선비들의 고고한 정신이 그대로 배어 있다. 소나무에서 흘러나오는 솔향은 묵향보다 진하고 기와지붕 처마에 매달린 풍경은 가야금 소리에 장단을 맞춰 간간이 맑은

▲ 유기그릇에 담겨 더욱 먹음직스러운 갈비찜과 경주 최부잣집에서 내려오는 전통 한정식 차림상
▼ 소나무 정원수가 운치를 더하는 요석궁의 정원과 들어가는 입구

소리를 울리고 있다.

한복을 곱게 차려 입은 종업원들이 차분한 손놀림으로 음식을 낸다. 그들은 손님 앞에 음식을 올릴 때마다 음식의 이름과 먹는 법 등을 친절하게 설명해준다. 요석궁의 기본 장류에 해당하는 육장과 집장, 멸장, 고추장은 모두 이곳에 거주하는 최부잣집 며느리가 손수 만든 것으로 유명하다. 육장은 쇠고기를 고추장에 볶은 것이고 집장은 메주에 다시마와 부추, 무, 한우 등을 넣고 열 시간 이상 졸여 만든 것이라고 한다. 종가음식의 전통과 풍미가 가득 배어 있는 기본 장류에서부터 부잣집의 전통이 느껴진다.

요석궁의 또 다른 별미 반찬은 바로 '사인지'라 불리는 김치다. 신선한 해산물과 석이버섯, 생율 등 20가지로 국물을 내고 고추의 붉은 빛으로 물들인 자작자작한 물김치의 일종인 사인지의 맛은 시원하고 깔끔하다.

국내산 잣을 곱게 갈아낸 국물에 전복, 해삼 등을 넣고 반숙한 계란을 올린 수란채에서는 최고의 보양식을 만들어내는 비법이 엿보인다. 향이 좋은 자연송이를 얹어 간장양념으로 졸인 전복구이나 해풍에 잘 말려 수증기로 쪄낸 짭쪼름한 맛의 굴비는 최부잣집이 아니면 맛볼 수 없는 요석궁의 전통요리로 미식가들의 마음을 한번에 사로잡는다.

Travel Tip

★ 전라회관
- 주소 전라북도 전주시 완산구 삼천동 1가 751-8
- 전화번호 063-228-3033~4
- 홈페이지 없음
- 주차공간 마당, 담장 밖 주차 가능
- 테이블 규모 30석 정도
- 곁들이면 좋은 서브메뉴 없음
- 휴무일 명절 연휴
- 영업시간 12:00~20:00

|주변 볼거리| 전주전동식당, 전주한옥마을, 경기전

★ 한국의집
- 주소 서울특별시 중구 필동 2가 80-2(지하철 3, 4호선 충무로역 3번출구)
- 전화번호 02-2266-9101
- 홈페이지 www.koreahouse.or.kr
- 주차공간 있음 • 테이블 규모 260석 정도
- 곁들이면 좋은 서브메뉴 골동반 정식, 한우갈비찜 정식
- 휴무일 연중무휴
- 영업시간 점심 12:00~14:00, 저녁 17:30~20:50 (일요일 18:30~20:00)

|주변 볼거리| 남산한옥마을, 남산공원, 충무아트홀

★ 요석궁
- 주소 경상북도 경주시 교동 59
- 전화번호 054-772-3347~8
- 홈페이지 www.yosukgung.com
- 주차공간 있음
- 테이블 규모 250석 정도
- 곁들이면 좋은 서브메뉴 반월정식, 요석정식
- 휴무일 명절 당일
- 영업시간 점심 11:30~15:30, 저녁 17:00~21:00

|주변 볼거리| 대릉원, 첨성대, 월성, 국립경주박물관

한국여행작가협회

허시명 sultour@naver.com
서울대학교에서 국문학, 중앙대학교 대학원에서 민속학을 전공했다.『샘이 깊은 물』에서 기자로 근무했으며 역사, 음식, 술, 민속문화에 관심을 갖고 여행하며 글을 쓴다. 펴낸 책으로『조선문인기행』『막걸리, 넌 누구냐?』『술의 여행(허시명의 주당천리)』『풍경이 있는 우리 술 기행』『체험여행, 즐거운 서해안』『평생 잊을 수 없는 체험여행 40』등이 있다. 현재 한국여행작가협회 회장이며 막걸리학교 교장이다.

이신화 nadri97@naver.com | www.sinhwada.com
잡지사, 신문사에서 취재기자로 활동하다 현재 여행 전업작가로 활동하고 있다.『서울근교 낭만드라이브 완벽가이드 101선』『그래 떠나고 보는 거야』『서울 근교 여행 베스트 33선』『몸이 좋아하는 건강여행 1, 2』『잊지 못할 가족 여행지 48』『걸어서 상쾌한 사계절 트레킹』『결혼 전에 꼭 가봐야 할 낭만적인 여행지』『좌충우돌 여행기』『없어지기 전에 꼭 가봐야 할 여행지 맛집 967』『DSLR 메고 떠나는 사계절 최고의 여행지들』『on the camino』등 총 12권의 저서가 있다.

이종원 ljhkhs44@hanmail.net | www.monol.co.kr
여행동호회 '모놀과 정수'의 대표(회원수 16,000명)이자 현대백화점, 신세계백화점 문화센터에서 여행강사로 활동 중이다. 청소년수련관, 지방자치단체, 대학, 기업체, 관공서 등에서 '살맛나는 여행'을 주제로 강의활동도 하고 있다.『우리나라 어디까지 가봤니 56』『한국의 숨어 있는 아름다운 풍경』『살맛나는 이야기』외 공저 15권을 집필하였다.

강석균 tbontb999@freechal.com
한양대학교 산업대학원을 졸업하고 국외여행 인솔자(T/C)로 활동 중이다. 일찍이 국내 구석구석과 세계 각국을 여행하며 지내오다 현재 여행작가 겸 문화콘텐츠 전문 작가로 책을 통해 역사와 문화를 알고 가는 여행을 소개하는 데 주력하고 있다.『인조이 제주』『인도차이나로망』『도쿄뒷골목이야기』외 다수의 저서가 있다.

김수남 sackful@naver.com
체험학습 전문 여행사를 10년간 운영했으며, 농어촌 체험마을 컨설팅을 주 업무로 하는 관광개발회사를 설립하여 오랫동안 우리의 마을과 소통해 왔다. 농어촌 체험관광, 전통문화, 가족여행 등이 주요 관심 분야이며, KBS-R과 국립국악원, 국민연금 사보, 한국농어촌공사 웰촌 등의 여러 매체를 통해 대중과 만나고 있다. 저서로는『여행의 재발견, 구석구석 마을여행』『우리 아이 창의력을 키우는 체험학습 여행』『생명의 신비를 키우는 작은 우주, 갯벌』 등이 있다.

유철상 poetry77@naver.com
중앙일보 레저주간지 『FRIDAY』에서 여행전문 기자, 월간 『AB-ROAD』에서 편집장으로 일했다. 현재 상상 출판 대표이사로 재직 중이다. 신문과 잡지, 사보에 여행칼럼을 쓰고 여행기를 연재했다. KBS, EBS, YTN 등의 프로그램에 패널로 참여해 우리나라의 숨겨진 아름다운 곳을 소개했으며, 『경인일보』 레저 전문위원을 지냈다. 저서로는 『우리나라 가족여행 바이블 100』 『사찰여행 42』 『대한민국 럭셔리 여행지 50』 『행복한 가족여행 만들기』 『내 마음속 꼭꼭 숨겨둔 여행지』 『감성여행』 『절에서 놀자, 템플스테이』 『호젓한 여행지(공저)』 등이 있다.

이겸(본명 이일섭) a_yi@naver.com
사진가이자 여행작가로 활동 중이며 10회의 개인전과 다수의 단체전을 열었다. 사진집 『경주慶州-가각본』을 펴냈으며 월간 『샘이 깊은 물』과 『네셔널지오그래픽National Geographic』의 편집위원을 지낸 바 있다. 더불어 '에드워드 김의 HEK'에서 월간 『한국화보, SEOUL』의 사진기자와 취재기자로 활동한 바 있다. 저서는 『가고 싶은 만큼 가고, 쉬고 싶을 때 쉬어라』 『돌에 새긴 희망, 미륵을 찾아서』 『마지막 은둔의 땅, 무스탕을 가다』 『메구스타 쿠바』 『걷는 자의 꿈, 존 뮤어 트레일』 『머물지 말고 흘러라』 등이 있다.

이민학 mdix@paran.com | www.lifentravel.co.kr
잡지기자, 여행잡지 편집장 등을 지냈으며 현재 LT미디어 대표이사로 월간 『LIFE & TRAVEL』을 창간하여 40호를 발간하였다. 출판컨설팅 및 코디네이션 분야에서 일하며 여행 관련 기고 및 저술활동을 하고 있다.

이주영 cles7948@naver.com | www.heyjju.com
'오늘은 어제보다 신나게, 내일은 오늘보다 행복하게'가 삶의 모토인 작가는 떠나기 전의 설렘과 떠남 속에서의 만남이 좋다고 한다. 현재 블로그 '여행, 그 달콤한 중독'을 운영하고 있으며 사보, 잡지, 방송 등 각종 매체에서 여행작가로 활동하고 있다.

정철훈 travelnphoto@naver.com
서울예술대학 사진학과를 졸업했으며, 사진이 좋아 여행을 시작했고 여행이 좋아 여행작가로 살고 있다. 한화리조트, 푸르지오, 대한교과서 등의 기업체 사보에 사진과 글을 기고하고 있으며 『사진이 있는 풍경여행』 외에 『대한민국 해안누리길』 『맛있는 경북여행』 등 다수의 책에 공저로 참여했다. 한국관광공사, 경기도, 경상북도, 해양문화재단, 국토해양부에서 주최한 사진 공모전과 포토에세이 공모전에 심사위원으로 참여한 바 있으며, 2005년에는 사단법인 한국사진작가협회 주최 '제1회 2030 청년작가 10인'에 선정되기도 했다. 2010년 05월 MBC 프로그램 「명품여행 지금 그곳에 가면」 금산, 하동, 함평편에 출연하기도 했다.

진우석 mtswamp@naver.com
학창시절 홀로 지리산을 종주하며 우리 국토에 눈떴고, 등산 잡지사에서 일하며 '걷는 인생'이 되었다. 문득 설산이 그리워 직장을 그만두고 히말라야와 카라코람산맥에 오르기도 했다. 2008년 EBS 「세계테마기행 파키스탄」에 큐레이터로 참여했으며, 『서울신문』에 '진우석의 걷기 좋은 산길' 연재를 시작으로 우리 땅의 아름다움을 신문, 방송 등에 소개하고 있다. 저서로는 『이번 주에 오르고 싶은 산』 『걷기 좋은 산길 55』 『파키스탄』 등이 있다.

권현지 streamsix@daum.net
낯선 곳에서 아침을 맞는 여행, 뭇사람들에게 여행을 권하는 일은 하루 종일 자신을 깨어 있게 한다. 그럴 때마다 스스로 타고난 '여행지상주의자'라고 생각하며 현재 한국여행작가협회 회원이자 여행작가로 활동 중이다. 『대한민국 머물기 좋은 방 210』 『청양스토리텔링』 『무안스토리텔링』 『대한민국 대표여행지 1,000』 등의 저서에 공저로 참여했다.

유현영 chella74@naver.com
한옥 처마 아래로 난 등굣길에 무시로 봤던 붉은 벽돌의 성당과 근대 건축물, 수백 년의 세월에도 짙푸르던 나무의 너른 그늘과 사람들에 대한 유년시절의 기억은 마음속 든든한 배경이 되어준다. 걷는 것을 좋아하고 길 위에서 만나는 풍경, 사람들을 통해 세상과 소통하는 법을 배우고 있는 작가는 현재 사보, 잡지 등의 매체를 통해 소중한 경험들을 글과 사진으로 나누고 있다.

김혜영 babtol2000@naver.com | blog.naver.com/babtol2000
프리랜서 여행작가이며 네이버 여행 블로그 '토토로의 여행공작소'를 운영하고 있다. 여러 월간지, 신문, 방송, 웹진, 포털업체 등 각종 매체에 영향력 있는 여행 파워블로거로 소개된 바 있다. 기업체 사보에 여행칼럼을 연재 중이며 저서로는 『5천 만이 검색한 대한민국 제철여행지』가 있다.

임운석 roomno1@naver.com | www.bitbara.com
평생 여행만 하며 살자는 아내와의 약속을 지키기 위해 15년 직장생활에 마침표를 찍었다. 현재 건강보험공단, 도로교통공단, 순천향대학교병원, 신용보증재단 등 다수의 기업체 사보 및 웹진 등에 글과 사진을 기고하고 있으며 『레이디경향』 등 여러 월간지에 여행칼럼을 기고하고 있다. 잡지사 객원 사진기자, 문화재청 헤리티지채널 사진작가로 활동 중이다. 두 권의 공저와 세 번의 그룹 사진전에 참여했다. 홈페이지 '빛과 바람 그리고 떠나고 싶을 때 떠나라'를 운영 중이다.

구동관 revolkoo@korea.kr | www.sinnanda.com
여행작가이자 가족여행 실천가이다. 가족들과 함께 매월 한 차례 정도 다닌 여행기록을 '초록별 가족의 여행' 홈페이지에 남겨 왔다. 『월간 여행스케치』 『도시 문제』 등 잡지와 사보를 비롯하여 『소년조선일보』 『담배인삼신문』에 여행기를 연재했고, 강원교통방송, 진주MBC, 대전KBS 라디오에서 여행 안내를 한 바 있다.

채지형 pinksally@nate.com
모든 답은 길 위에 있다고 믿는 여행가로 방송과 신문, 잡지, 온라인을 종횡무진하며 여행과 삶에 대한 글을 쓰고 있다. 『여행작가 한번 해볼까』 『지구별 워커홀릭』 『어느 멋진 하루』 『까칠한 그녀의 스타일리시 세계여행』 『노웨어』 등 다수의 여행책을 집필했으며, KBS 라디오에서 여행 코너를 진행하고 있다. 「인형으로 본 세상」을 비롯해 네 번의 사진전을 가졌다.

양근모 danya112@naver.com
경희대학교에서 토목공학을 공부한 공학도에서 어쩌다보니 책을 내고 사진을 찍고 글을 쓰는 일을 업으로 삼게 되었다는 그는 현재 도서출판 청년정신 대표이사로 재직 중이다. 한민이란 필명으로 장편소설 『주몽』 역사평전 『울지못해 웃고간 한국의 거인들』 『20세기 한국사, 해방』 여행 에세이 『산사의 주련 1, 2권』을 펴냈다.

유정열 hiandy@nate.com
프리랜서 사진가이자 여행가이다. 여행 전문 잡지와 『모닝캄』 그 외의 월간지와 사보에 여행 이야기를 기고하고 있다. 가이드북 『호주 멜버른』의 사진작가, 인디밴드 앨범 촬영과 G마켓 '빛으로 그리다'의 사진 강사로 참여했다. 저서로는 『대한민국 베스트 촬영지 55』 『놀라운 우리나라 여기가 어디지?』 『서울 여행사전(공저)』 등이 있다.

이시목 san1889@naver.com | blog.naver.com/san1889
대학에서 국문학을 전공했다. 1997년부터 여성지 및 여행 잡지 등에서 여행 전문기자로 활동했으며 감성적인 글쓰기에 관심이 많다. 현재 각종 잡지와 기업체 사보, 방송 등에서 여행 안내를 하고 있으며, 저서로 『내 마음 속 꼭꼭 숨겨둔 여행지』 『TV보다 재밌는 1박 2일 가족여행이 떴다』 외에 다수의 공저가 있다. 늘 새로운 눈으로 풍경과 마주할 수 있기를 꿈꾼다.

이진곤 krjglee@gmail.com
여행이란 시작과 끝이 있어 인생과 같다고 말하는 작가는 여행을 통해 얻은 값진 삶의 이야기를 풀어내려고 귀를 기울이고 바라본다. 10년 넘게 여행마니아에서 여행자라면 한번쯤 공감하고 느꼈던 것을 글과 사진으로 소통하고자 작가의 길에 들어섰다. 공저를 시작으로 현재는 웹진에 여행칼럼을 기고하고 있다.

박동식 jayuin66@hanmail.net
글과 사진을 통해 세상과 소통하길 원하는 작가로 감성적인 글과 사진으로 많은 팬들의 가슴을 어루만지는 서정적인 작업을 해왔다. 잡지 『모닝캄』 『마제스떼』 『임프레션』 『뚜르드몽드』 등에 여러 차례 해외 문화를 소개해 왔다. 10년간 월간 『페이퍼PAPER』에 글과 사진을 연재했으며 각종 사보와 잡지에 비슷한 작업을 하고 있다. 저서로는 『내 삶에 비겁하지 않기』 『슈퍼라이터』 『여행자의 편지』 『열병』 『제주도』 『마지막 여행』 등이 있다.

윤용성 lowfence@naver.com
여행을 매체로 사업을 구상하는 관광경영학을 전공한 그는 한양대학교 국제관광대학원에서 국제관광경영학 석사 학위를 받았다. 한국여행작가협회 주관 여행작가 양성과정을 수료하고 여행작가로 입문하였다. 전통한옥, 전통시장, 전통음식 관련 여행에 관심이 많고 솔깃한 이야기를 찾아 떠나는 여행을 벼르고 있다.

윤규식 fotosky@hanmail.net
사람이 좋고 떠난 그곳이 좋다. 처마의 곡선이 좋고 그 끝에 매달린 풍경 소리가 좋다. 건국대학교 독문학과를 졸업하고, MBC 아카데미 TV카메라 과정을 수료했다. 현재 한국여행작가협회 기획이사이며, 잡지 『복지저널』 객원기자이다. 대한제당 사보에 '윤규식의 가보고 싶은 곳'을 연재 중이며 『Heachi Seoul』 『대한민국

『걷기 좋은 길 111』『대한민국 머물기 좋은 방 210』『경상북도 이야기여행』『맛있는 경북 여행』『이야기가 있는 광양여행』『남해안 100배 즐기기』『경남의 둘레길을 걷다』 등의 저서에 공저로 참여했다.

홍순율 htm89@hanmail.net
연세대학교 사학과를 졸업하고 동대학원에서 한국사를 전공하고 석사 학위를 받았다. 그 과정에서 답사를 명목으로 숱한 여행을 다니며 우리나라의 자연과 문화에 관심을 가지게 되었고, 결국 여행작가의 길을 걷게 되었다. 현재 한양대부속고등학교에서 국사와 한국근현대사를 가르치면서 평일에는 교사, 주말과 방학에는 여행작가로 활동 중이다. 국사 교사로서의 삶과 여행작가로서의 삶을 조화시켜 풍요로운 인생을 살고자 하며, 질 높은 삶과 질 높은 사회를 만들기 위해 오늘도 고민 중이다. 저서로는 『서울 근교 100배 즐기기』『대한민국 일상탈출 낭만여행』『내 아이가 똑똑해지는 교실 밖 체험여행』 등이 있다.

이동미 chorani7@chol.com
동강과 서강이 구비치는 무릉도원에서 태어난 그녀는 책 속에 나오는 장소오 사람, 이야기에 흥미를 느끼며 다른 세상에 대한 동경심을 키우다 관광통역안내원(영어) 자격증을 취득하며 여행과의 본격적인 인연을 맺었다. 1993년부터 여행업계 전문지 『Tour Times』 취재기자로, 1995년부터는 웅진출판의 월간여행잡지 『World Travel』에서 취재기자로 일했다. 순천향대학교 글로벌관광경영학과 석사 과정에 재학 중이며 '2011 한국관광의 별' 문화체육관광부 장관상을 수상했다. 저서로는 『매일 너와 이 길을 걷는다면』『여행작가 엄마와 떠나는 공부여행』『골목이 있는 서울, 문화가 있는 서울』 등이 있다.

문일식 mis71@naver.com
2008년 여행에 대한 믿음과 인생에 승부를 걸어야겠다는 생각으로 11년의 회사생활을 마감, 미련없이 사표를 던지고 나왔다. 『오마이뉴스』에 100여 회의 여행기사를 올렸으며, 2008년 문화재청에서 주관한 '문화유산 답사기, 사진 공모전'에서 답사기 부문 대상을 수상했다. 『결핵협회』『농수산물유통공사』 등의 사보에 여행칼럼을 기고했으며, KBS1 라디오 『생방송 오늘』『강원교통방송 출발!』『강원대행진』을 통해 한국의 아름다운 여행지를 소개했다. 저서로는 『제주펜션여행바이블』이 있다.

국립중앙도서관 출판시도서목록(CIP)

여행작가들은 여행 가서 뭘 먹을까? : 대한민국 숨어 있는 맛집 90 / 한국여행작가협회 지음. — 고양 : 위즈덤하우스, 2012
  p. ;   cm

ISBN 978-89-5913-667-4 13980 : ₩14800

맛집

594.019-KDC5
641.013-DDC21   CIP2012000100

여행작가들은 여행 가서 뭘 먹을까?

초판 1쇄 인쇄 2012년 1월 11일 초판 1쇄 발행 2012년 1월 16일

지은이 사단법인 한국여행작가협회 펴낸이 연준혁

출판 1분사 분사장 최혜진
편집 김세희 디자인 차기윤 제작 이재승

펴낸곳 (주)위즈덤하우스 출판등록 2000년 5월 23일 제13-1071호
주소 (410-380) 경기도 고양시 일산동구 장항동 846번지 센트럴프라자 6층
전화 031)936-4000 팩스 031)903-3891
전자우편 yedam1@wisdomhouse.co.kr
홈페이지 www.wisdomhouse.co.kr
종이 화인페이퍼 인쇄·제본 (주)현문

값 14,800원 ⓒ사단법인 한국여행작가협회, 2012 ISBN 978-89-5913-667-4 13980

* 잘못된 책은 바꿔드립니다.
* 이 책의 전부 또는 일부 내용을 재사용하려면시전에 저작권자와 (주)위즈덤하우스의 동의를 받아야 합니다.